LA BIBLIA EN 52 SEMANAS

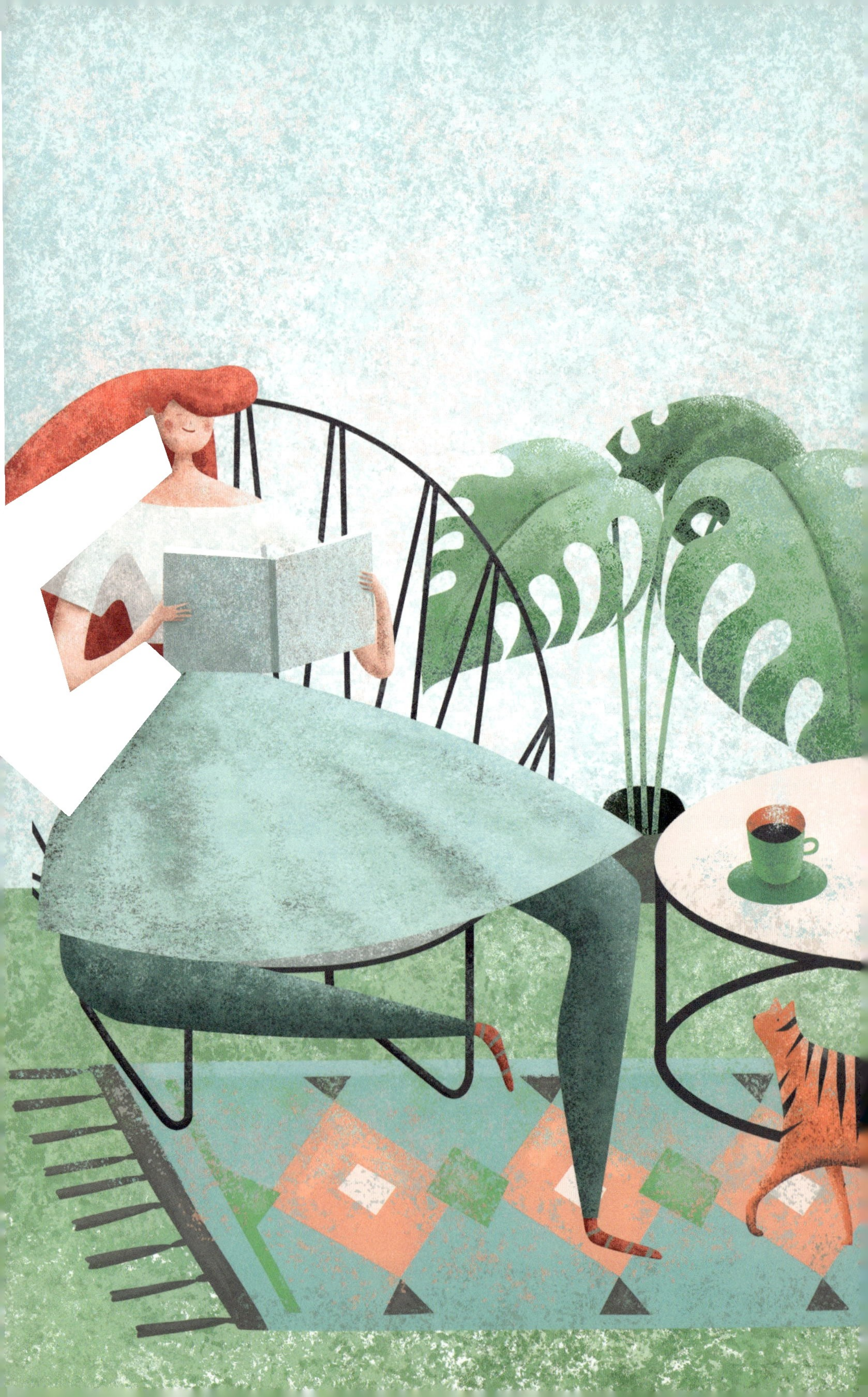

La BIBLIA EN 52 SEMANAS

Un estudio bíblico anual para la mujer

DRA. KIMBERLY D. MOORE

callisto publishing
an imprint of Sourcebooks

Copyright © 2020, 2025 por Callisto Publishing LLC
Portada y diseño interno © 2025 por Callisto Publishing LLC
Ilustraciones de Agnieszka Żylińska, © 2020. Foto del autor por cortesía de © Strauss Studios.
Director artístico: Liz Cosgrove
Productora artística: Samantha Ulban
Editora: Lauren O'Neal
Editora de producción: Ruth Sakata Corley

Callisto Publishing y el colofón son marcas registradas de Callisto Publishing LLC.

Todos los derechos reservados. Queda prohibida la reproducción total o parcial de este libro, en cualquier forma o por cualquier medio electrónico o mecánico, incluidos los sistemas de almacenamiento y recuperación de información -excepto en el caso de citas breves incluidas en artículos críticos o reseñas-, sin el permiso por escrito de su editor, Sourcebooks LLC.

A menos que se indique lo contrario, las citas de las Escrituras son de la Santa Biblia, Nueva Traducción Viviente, copyright © 1996, 2004, 2014 por Tyndale House Foundation. Utilizado con permiso de Tyndale House Publishers, Inc. Carol Stream, Illinois 60188. Todos los derechos reservados. Todas las citas de las Escrituras marcadas con NVI son de LA SANTA BIBLIA, NUEVA VERSIÓN INTERNACIONAL®, NVI®. Copyright © 1973, 1978, 2011 by Bíblica, Inc.® Usado con permiso. Todos los derechos reservados. Las citas de las Escrituras marcadas con GNT son de la Traducción de la Buena Nueva en la Versión Inglesa Actual, Segunda Edición. Copyright © 1992 por American Bible Society. Utilizada con permiso. Las citas de las Escrituras marcadas con ESV son de la Biblia ESV® (The Holy Bible, English Standard Version®), copyright © 2001 de Crossway Bibles, un ministerio editorial de Good News Publishers. Utilizadas con permiso. Todos los derechos reservados. Las citas bíblicas marcadas con MSG están tomadas de EL MENSAJE, copyright © 1993, 2002, 2018 de Eugene H. Peterson. Utilizado con permiso. Todos los derechos reservados. Representado por Tyndale House Publishers, Inc. Las citas de las Escrituras marcadas con NKJV son de la Nueva Biblia del Rey Jacobo (New King James Version®). Copyright © 1982 por Thomas Nelson. Utilizadas con permiso. Todos los derechos reservados. Las citas de las Escrituras marcadas con KJV son de la versión de la Biblia del Rey Jacobo (King James Bible). Dominio público.

Publicado por Callisto Publishing LLC C/O Sourcebooks LLC
P.O. Box 4410, Naperville, Illinois 60567-4410
(630) 961-3900
callistopublishing.com

Impreso y encuadernado en China.
OGP 10 9 8 7 6 5 4 3 2 1

Este libro está dedicado a todas las mujeres fuertes, fenomenales e intrépidas que han marcado una diferencia en mi vida. *Gracias, a cada una.*

CONTENIDO

Introducción ix
Cómo utilizar este libro xi

SEMANA 1 : **¡Nada es muy difícil para Dios!** 2
SEMANA 2 : **Rendirse no es una opción** 6
SEMANA 3 : **Todo tiene un propósito** 10
SEMANA 4 : **Gracias a Dios por las pruebas** 14
SEMANA 5 : **Necesito lo que tú tienes** 17
SEMANA 6 : **Derriba tus propias barreras** 20
SEMANA 7 : **Prospera y sé feliz** 24
SEMANA 8 : **La bendición** 28
SEMANA 9 : **Un retraso no significa una negación** 31
SEMANA 10 : **Soy tan solo un recipiente** 35
SEMANA 11 : **Soportar las cargas** 38
SEMANA 12 : **Bendita o maldita** 42
SEMANA 13 : **Tu propio río Jordán** 45
SEMANA 14 : **¡Soy una triunfadora!** 48
SEMANA 15 : **Confía en Su trayectoria** 51

SEMANA 16 : **Deja de estresarte y comienza a rezar** 54

SEMANA 17 : **Traslado del arca** 58

SEMANA 18 : **Dios no se ha olvidado** 62

SEMANA 19 : **La sequía está a punto de terminar** 66

SEMANA 20 : **Recuperarse** 70

SEMANA 21 : **¿Puedes pasar la prueba?** 74

SEMANA 22 : **Quédate tranquila** 77

SEMANA 23 : **Su Camino es el camino correcto** 80

SEMANA 24 : **Es la hora de rezar** 83

SEMANA 25 : **El Poder está en tus manos** 86

SEMANA 26 : **Juntos somos mejores** 89

SEMANA 27 : **Un Pedido para un Momento como este** 92

SEMANA 28 : **No pierdas la fe** 95

SEMANA 29 : **Lo debes saber** 99

SEMANA 30 : **Su destino, su propósito** 103

SEMANA 31 : **A Su tiempo** 106

SEMANA 32 : **¡Oh, qué Amor!** 110

SEMANA 33 : **No soy digna, pero iré** 113

SEMANA 34 : **Tu futuro es ahora** 116

SEMANA 35 : **Piensa a lo grande** 119

SEMANA 36 : **Rezar aún funciona** 123

SEMANA 37 : **Lo lograrás** 127

SEMANA 38 : **Dios me protegió** 131

SEMANA 39 : **Propósito y proceso** 134

SEMANA 40 : **Simplemente, dilo** 137

SEMANA 41 : **La enseñanza 141**

SEMANA 42 : **Sé quién soy 144**

SEMANA 43 : **Su misericordia perdura 148**

SEMANA 44 : **Dios te recompensa 151**

SEMANA 45 : **Esperar en Dios 154**

SEMANA 46 : **Gracias a Dios por la Gracia 158**

SEMANA 47 : **Esperarlo, verlo, lograrlo 162**

SEMANA 48 : **Regresar adonde estaba 166**

SEMANA 49 : **¡Inténtalo! 170**

SEMANA 50 : **Aprovecha tu Don 174**

SEMANA 51 : **Si Lo amas, demuéstralo 177**

SEMANA 52 : **Acceso concedido 180**

Guía de estudio en grupo 185
Recursos 186
Referencias 188
Índice 189

INTRODUCCIÓN

HE PARTICIPADO EN EL MINISTERIO desde que tengo uso de razón. Nací y crecí en la iglesia. Recibí a Jesucristo como Señor y Salvador cuando era estudiante y he estado a su fiel servicio desde entonces. A lo largo de los años, me he desempeñado en diversos cargos y funciones ministeriales: superintendente y maestra de la escuela dominical, música de la iglesia, directora coral, líder del ministerio femenino, profesora de estudios bíblicos, administradora y contadora de la iglesia.

En 1995, obtuve mi licencia para predicar el evangelio de Jesucristo y fui ordenada ministra en una iglesia local en 2001. Luego, me convertí en pastora asistente de uno de sus ministerios de divulgación. Pronto me matriculé en el seminario y asistí a tiempo parcial durante varios años, hasta que me retiré en 2008, cuando tuve la bendición de ser elegida pastora principal a tiempo completo de la Iglesia Bautista Misionera Emmanuel en Gastonia, Carolina del Norte.

Mi elección fue un acontecimiento histórico en el condado de Gaston. Soy la primera mujer que ocupa el cargo de pastora principal en la Asociación Misionera Bautista del Condado de Gaston y una de las muy pocas en el estado de Carolina del Norte. No hace falta decir que no hay suficiente representación femenina en el liderazgo eclesiástico (especialmente en la iglesia Bautista).

Este hecho despertó a la mentora que hay en mí y empecé a animar a otras mujeres a unirse al ministerio, al compartir los conocimientos y principios que he adquirido a lo largo de los años.

Estoy muy agradecida de que Dios haya bendecido mi vida de una manera tan asombrosa y es una alegría compartir algunos pensamientos con ustedes ahora. He disfrutado profundamente al escribir sobre algunas de mis historias bíblicas favoritas que, creo, te darán conocimiento y una nueva revelación.

A menudo, dudamos a la hora de leer la Biblia, porque su lenguaje puede resultar difícil o es complicado interpretar el significado del texto. Este libro está escrito para ayudarte a leer, comprender y aplicar la Biblia en tu vida diaria. Muchas de las citas bíblicas que utilizo son de la Nueva Traducción Viviente (NTV) y de la Nueva Versión del Rey Jacobo (NKJV). Estas traducciones presentan las Escrituras de un modo accesible que hará de la lectura de este libro una parte agradable de tu rutina diaria.

Al leerlo, junto con la Palabra del Señor, espero que te sientas animada a ser tu mejor versión y a encontrar algunas de las respuestas que has estado buscando. Como mujeres, a veces somos el pegamento que mantiene todo unido. Somos nosotras las que animamos y motivamos. Aliviamos las heridas y lo hacemos con amor. Pero ¿quién nos anima a nosotras? ¿Quién nos levanta el ánimo y cura nuestras heridas? Rezo para que este libro eleve tu espíritu, lleve la sanación de Dios a tus sufrimientos y te recuerde lo increíble que eres.

CÓMO UTILIZAR ESTE LIBRO

ESTE LIBRO TE AYUDARÁ A leer y aprender de la Biblia en su totalidad. Si mantienes la constancia, habrás leído la Biblia completa al término de un año. Quiero asegurarme de que aproveches al máximo tu tiempo de meditación y estudio. A menudo, no terminamos de leer libros de esta naturaleza porque no son tan accesibles como deberían o, simplemente, estamos muy ocupadas. Con esta guía, solo necesitarás de unos 15 minutos para completar tu lectura diaria ¡y será tiempo bien invertido!

En primer lugar, es importante conocer cómo se estructura la Biblia, que consta de 66 libros: 39 en el Antiguo Testamento y 27 en el Nuevo Testamento. El Antiguo Testamento se divide en los libros del Pentateuco, los Libros Históricos, los Libros poéticos y los Libros de los Profetas mayores y menores. Contiene una gran cantidad de información y registros históricos de un valor incalculable que nos ayudan a comprender los fundamentos sobre los que se establecen nuestras creencias.

El Nuevo Testamento está compuesto por los Evangelios, los Hechos históricos de los Apóstoles, las epístolas del apóstol San Pablo, varias otras epístolas o cartas generales y el libro profético del Apocalipsis. El Nuevo Testamento nos trae esperanza a través de Jesucristo. Nos cuenta sobre Su nacimiento milagroso, Su influyente vida en la Tierra, Su tortuosa muerte y Su resurrección redentora.

Nos muestra la formación de la Iglesia y nos capacita y da herramientas para la vida y el ministerio y, así, estaremos preparadas para el regreso del Señor y podremos vivir con Él eternamente.

Existen muchas traducciones de la Biblia. Usa aquella con la que te sientas más a gusto, ya que este libro está escrito para complementar cualquier traducción. Elige la que te brinde mayor claridad mientras lees. Además, este libro no tiene nada que ver con la preferencia o denominación de ninguna iglesia —se trata de pasar tiempo de calidad con Dios a través de Su Palabra.

¿QUÉ MATERIALES NECESITO?

Este libro.

La Biblia. Utiliza la versión o traducción que prefieras. También puedes beneficiarte de una versión electrónica o audiolibro que puedes descargar en tu teléfono.

Cuaderno, agenda o iPad. Esto te será útil si quieres tomar notas adicionales.

Bolígrafo o lápiz.

¿QUÉ CONTIENE ESTE LIBRO?

Este libro presenta lecturas diarias de las Escrituras para las 52 semanas del año. Encontrarás sugerencias de lecturas de la Biblia para seis días de cada semana. El séptimo día, te animamos a ponerte al tanto con las lecturas que te hayas perdido durante la semana. Junto con las lecturas diarias, hay un comentario basado en una de las selecciones bíblicas de la semana que te ayudará a aplicar las lecciones de la Biblia en tu vida cotidiana. Tras el comentario, encontrarás preguntas que te inspirarán a reflexionar sobre tu propio camino, así como una oración, un versículo destacado o medidas para ejercitar tu fe o superar un problema al que te enfrentes.

Abordarás la Biblia en partes muy manejables. Las lecturas te deben llevar de 15 a 20 minutos al día. Como no siguen un orden estrictamente cronológico, las lecturas te ayudarán a mantenerte motivada a medida que avanzas por las Escrituras. No tienes que esperar meses para llegar a la belleza de los Evangelios o a la grandeza de los Salmos; aparecerán en diferentes momentos a lo largo del año. Puede que una semana te deleites con las visiones de un profeta del Antiguo Testamento y, la siguiente, lo hagas con algunas de las cartas de Pablo a la Iglesia.

ES PERFECTO PARA EL ESTUDIO GRUPAL O INDIVIDUAL

Una de las grandes ventajas de estudiar la Biblia es que puedes hacerlo por tu cuenta o en grupo, como en un club de lectura o en un grupo pequeño de la iglesia. Este libro incluye, al final, una lista de preguntas diseñadas específicamente para la discusión en grupo (véase la página 185). Puedes también utilizar las preguntas de cada semana, para facilitar el debate y compartir historias personales. En cualquier caso, este libro será un punto de partida para conversaciones motivadoras.

¡TÚ PUEDES LOGRARLO!

A algunas personas les encanta leer y a otras no. Si la lectura no es de tu agrado, prueba con utilizar

CÓMO UTILIZAR ESTE LIBRO **xiii**

una versión de audio de la Biblia o con leer desde una aplicación bíblica en tu teléfono. Si, por alguna razón, te retrasas un poco, no te aflijas. Continúa donde lo dejaste y sigue adelante. Este libro está diseñado para ayudarte a hacer de la lectura un hábito y dedicarle tiempo a la Palabra diariamente. Descubrirás que, cuanto más tiempo pases en la Palabra, te volverás más informada y preparada. Es mi deseo que, a medida que incorpores este libro a tu rutina diaria, aprendas a disfrutar el pasar más tiempo en la Palabra de Dios. Creo en ti, hermana, y creo que puedes lograrlo todo. ¡Comencemos!

SEMANA 1
¡NADA ES MUY DIFÍCIL PARA DIOS!

LECTURAS DIARIAS

- Día 1: Génesis 1-4
- Día 2: Génesis 5-8
- **Día 3: Génesis 9-12**
- Día 4: Génesis 13-15
- **Día 5: Génesis 16-18**
- Día 6: Génesis 19-21
- Día 7: Ponte al día con las lecturas que te hayas perdido.

HOY, MI PROPÓSITO ES DARLE ÁNIMO al animador. Mientras te centras en las necesidades de las personas que te rodean, recuerda que Dios no te ha olvidado. Él escucha tus plegarias y tiene presente los deseos y desafíos de tu corazón. Le planteó una pregunta a Abraham en Génesis 18:14: "¿Existe algo demasiado difícil para el Señor?" (NVI). Y la respuesta es que no hay absolutamente nada demasiado difícil para Dios. Efesios 3:20 afirma que Dios "es poderoso para hacer todas las cosas sobreabundantemente, más allá de lo que pedimos o entendemos, según el poder que actúa en nosotros" (NKJV). No hay nada que puedas pensar o pedir que Dios no pueda hacer.

En la historia de Sara y Abraham, Dios le dijo a Abraham que haría de él una gran nación y que, a partir de él, serían bendecidas todas las familias de la tierra (Génesis 12: 2-3). En aquel momento, es probable que la promesa no tuviera sentido para Abraham, porque él y Sara no tenían hijos y, ya entrados en años, pensaban que eran demasiado viejos.

En el capítulo 16, Sara todavía no había tenido un hijo, así que tomó cartas en el asunto y decidió que Abraham se acostara con su criada, Agar. Abraham y Agar tuvieron un hijo llamado Ismael. Dios lo permitió, pero no lo ordenó. Recuerda que cuando se trata de las promesas de Dios, no deberías tomar el asunto por mano propia.

En el capítulo 18, Dios les hizo a Abraham y a Sara una promesa específica, una que no tenía sentido. Las probabilidades estaban en su contra debido a su edad; Abraham tenía 100 años y Sara, 90. Para entonces, habían pasado 13 años desde que Dios hizo su promesa original en el capítulo 12 y no habían visto ninguna señal de su promesa anterior. ¿Qué haces cuando llevas tanto tiempo esperando y alguien te dice que lo imposible sigue siendo posible? ¿Qué haces cuando una promesa simplemente no tiene sentido?

Tienes que decidir, en tu corazón, a no ceder a la duda. Sé que es más fácil decirlo que hacerlo. Tuve que aprender por las malas que dudar obstaculiza el progreso hacia tu promesa, te paraliza y te mantiene estancada. Hace que quieras tomar el control, en lugar de confiarle tu vida a Dios. Sin embargo, cuando sustituyes la duda por la fe, le das a Dios algo con lo que trabajar.

Es fácil ser escéptica cuando las probabilidades están en tu contra. Pero te animo a que confíes en que Dios cumple Su Palabra. Cuando cambies la duda por la fe, confía en que Dios hará Su parte y te otorgará la bendición. ¡Debes creer que no hay absolutamente nada demasiado difícil para Dios!

PUNTOS PARA LA REFLEXIÓN

1. Cuando te viste cara a cara con una imposibilidad, ¿cómo lo afrontaste? Después de esta lección, ¿cómo manejarás esas imposibilidades en el futuro?

   _____
   _____
   _____

2. ¿Qué te ha enseñado esta lección sobre tu fe?

   _____
   _____
   _____

3. ¿En qué áreas has descubierto que tu fe es fuerte? ¿En qué áreas has descubierto que tu fe necesita fortalecerse?

_____
_____
_____
_____

4. Después de esta lección, ¿cuáles son las imposibilidades que encomendarás a la oración?

_____
_____
_____
_____

ACCIONES DE LA SEMANA

1. Toma la decisión, de corazón, de pensar y hablar positivamente, remplazando las palabras negativas por positivas.
2. Comprométete contigo mismo a responder conscientemente a tus dudas con declaraciones de fe.
3. Al final de la semana, observa cómo hablar positivamente en tu vida ha empezado a tener un buen impacto en tu perspectiva y en tu capacidad de confiar en Dios.

SEMANA 2
RENDIRSE NO ES UNA OPCIÓN

LECTURAS DIARIAS

- Día 1: Génesis 22-25
- Día 2: Génesis 26-29
- Día 3: Génesis 30-33
- **Día 4: Génesis 34-36**
- Día 5: Génesis 37-41
- Día 6: Génesis 42-46
- Día 7: Ponte al día con las lecturas que te hayas perdido.

¿ALGUNA VEZ te enojaste mucho contigo por haber abandonado una meta demasiado pronto? Por ejemplo, puede que te convencieras de que no tenías tiempo para volver a estudiar y terminar esa carrera, aunque solo te faltaran unas pocas materias para graduarte. Lo sé, pasaron cosas en tu vida. Tuviste problemas económicos, cuidaste a un ser querido enfermo o tuviste hijos y tuviste que relegar tus sueños a un segundo plano. Así que te rendiste y te dijiste a ti misma que era demasiado tarde.

En Génesis 35, Raquel murió antes de cumplir su promesa. Si has estado siguiendo las lecturas, sabes que, en Génesis 30, Raquel se afligió por el hecho de que no podía tener hijos. Su hermana, Lea, era fértil, pero Raquel no podía concebir, lo que le causó mucho dolor. Pero Dios finalmente bendijo a Raquel con un hijo al que llamó José. Luego de experimentar este milagro, inmediatamente pronunció unas palabras proféticas para sí y afirmó que tendría otro hijo. Tenía fe en que Dios podría hacerlo de nuevo.

Sin embargo, Raquel se equivocó. No tuvo la suficiente fe para poner a Dios en primer lugar y dejar de adorar ídolos y eso la derrumbó. En Génesis 31, Raquel robó ídolos de la casa de su padre, cuando se marchó con Jacobo. Cuando su padre fue a buscarlos, Jacobo pidió la muerte de la persona que los había robado, sin saber que se trataba de Raquel. Ella quedó embarazada de nuevo y tuvo un parto "difícil", según Génesis 35:16. (NKJV). Fue así que, debido a los intensos dolores provocados por el parto y su desobediencia, Raquel falleció. Estaba muy cerca de cumplir con su destino, pero murió. El bebé nació sano. El milagro se produjo, pero Raquel no pudo disfrutar del fruto de su esfuerzo.

Mi querida hermana, rendirse no es una opción, ¡por muy difícil que sea el camino! Tienes metas y sueños increíbles. Por favor, no dejes que mueran. Debes saber que hay alguien que espera lo que manifestarás. Espera una tutoría, un libro o un negocio que tiene que dar a luz. Por lo tanto, retoma esos sueños, desempóvalos y ponte en acción. Estás mucho más cerca de lo que crees.

PUNTOS PARA LA REFLEXIÓN

1. ¿Cuáles son las metas a las que renunciaste por parecer demasiado descabelladas?

   _____
   _____
   _____
   _____

2. ¿Cuáles son los sueños y visiones que deberías retomar y desempolvar?

   _____
   _____
   _____
   _____

3. En esta historia, Raquel tenía una partera que intentaba animarla a mantener su promesa. ¿A quién conoces que necesite aliento para resistir? ¿Cómo podrías ayudar a esa persona?

   _____
   _____
   _____
   _____

ACCIONES DE LA SEMANA

1. Dedica unos minutos, tres veces esta semana, para rezar y pedir orientación para volver a encaminar tus objetivos.

2. Comprométete a ver un vídeo o escuchar un podcast que te ayude a impulsar tu creatividad en tus áreas de interés.

3. Establece un cronograma para cumplir tus objetivos de a uno por vez.

4. Comparte con alguien tus metas y tu cronograma para que te ayude a hacerte responsable de ellas.

SEMANA 3
TODO TIENE UN PROPÓSITO

LECTURAS DIARIAS

- Día 1: Génesis 47-50
- **Día 2: Éxodo 1-3**
- Día 3: Éxodo 4-7
- Día 4: Éxodo 8-11
- Día 5: Éxodo 12-15
- Día 6: Éxodo 16-18
- Día 7: Ponte al día con las lecturas que te hayas perdido.

EN EL SEGUNDO CAPÍTULO del Éxodo, encontramos la historia del nacimiento de Moisés. El faraón había dictado un decreto por el que todos los israelitas varones debían morir al nacer. La madre de Moisés quería hacer lo que cualquier madre amorosa haría: salvar a su hijo. Lo envolvió, lo metió en una cesta de juncos y lo puso estratégicamente en el río para que fuese a parar en buenas manos. Aquel día, la hija del faraón se bañaba en esas mismas aguas y envió a su criada a recoger la canasta que vio flotando en el juncal. Sintió pena por el niño, al suponer, con razón, que era uno de los bebés hebreos. La hermana de Moisés, Miriam, que había estado observando a la distancia, apareció de repente y se ofreció a buscar a la madre del bebé "desconocido" para amamantarlo. La hija del faraón aceptó.

De esta manera, la madre de Moisés completó un ciclo en su experiencia de vida. Estoy segura de que dejarlo ir fue lo más doloroso que tuvo que hacer, pero lo liberó para salvarlo. Había un propósito definido para la vida de Moisés y, por eso, Dios lo protegió, puso a las personas adecuadas en su lugar y, sin duda, dirigió todos sus caminos. ¿Cuáles eran las posibilidades de que ese niño fuese abandonado, encontrado y devuelto al seno de su propia madre? ¿Cuáles eran las posibilidades de que, habiendo sido encontrado en el agua, Moisés liberara a tantos otros niños, a través de un muro de agua, años más tarde? Es cierto que, cuando Dios tiene un propósito para tu vida, no importan las probabilidades. Coloca todas las piezas y personas adecuadas para que ese propósito se cumpla.

Si tu eres madre, maestra, enfermera, mentora, trabajadora social o tan solo alguien que ama a las personas en general, Dios te puso estratégicamente en el lugar adecuado para ayudar a generar un propósito en la vida de los demás. Las palabras amables que brindas, los consejos cariñosos que das e incluso, las palabras que señalan los errores son significativas y útiles en el desarrollo de la vida de las personas. Así que nunca subestimes tu influencia en la vida de los demás. Nunca pienses que no te necesitan o que lo que tienes que decir no importa. Todo forma parte del plan de Dios para ayudarnos a alcanzar nuestro propósito en la vida.

PUNTOS PARA LA REFLEXIÓN

1. ¿Sabes cuál es tu propósito en la vida?

   _____
   _____
   _____

2. ¿Puedes recordar un momento en el que supiste que tu propósito era ayudar a alguien más a alcanzar su propósito en la vida? ¿Cómo lo hiciste?

   _____
   _____
   _____
   _____

3. A veces, el miedo nos impide dar ese paso al frente para ayudar a los demás. ¿Recuerdas alguna vez en la que no hayas dado un paso adelante para ayudar a alguien con su propósito? ¿Cuál fue el impedimento? ¿Qué *deberías* haber hecho?

   _____
   _____
   _____
   _____

ESTA ES MI ORACIÓN

Querido Dios:

Es mi deseo complacerte de todas las maneras posibles. Ayúdame a ser siempre una luz y a cumplir un rol positivo en la vida de las personas con las que me encuentre esta semana. Sé que Tú tienes un propósito y un plan para cada uno de nosotros. Es mi oración que Tú me ayudes a confiar diariamente *en Ti, con todo mi corazón, y a no apoyarme en mi propio entendimiento; sino que, de todas formas, confío en Ti para que me guíes* (Proverbios 3: 5–6, NKJV). Amén.

SEMANA 4
GRACIAS A DIOS POR LAS PRUEBAS

LECTURAS DIARIAS

- Día 1: Éxodo 19-21
- Día 2: Éxodo 22-25
- Día 3: Éxodo 26-29
- **Día 4: Éxodo 30-32**
- Día 5: Éxodo 33-36
- Día 6: Éxodo 37-40
- Día 7: Ponte al día con las lecturas que te hayas perdido.

EN LOS CAPÍTULOS 25 A 27 del Éxodo, Dios instruye a Moisés sobre cómo levantar el tabernáculo (la tienda sagrada utilizada como morada simbólica de Dios antes de que se construyera el primer templo en Jerusalén). Los capítulos 28 y 29 describen los planes para los sacerdotes y su atuendo. Dios tenía instrucciones muy específicas. Antes de que manifestara Su presencia, todo lo que había en el tabernáculo, incluso el sacerdote, debía ungirse con un aceite especialmente preparado.

En Éxodo 30, Dios le dio a Moisés su propia receta para este aceite: 5,66 kilos de mirra pura, 2,83 kilos de canela, 2,83 kilos de cálamo dulce, 5,66 kilos de casia, y 3,78 litros de aceite de oliva (Éxodo 30: 22-24). Cada ingrediente elegido para la mezcla debía batirse, colarse o triturarse. Por supuesto, para obtener aceite de oliva hay que triturar las aceitunas: cuantas más aceitunas se trituran, más aceite se produce.

Sabes, la mayoría de nosotros fuimos triturados de alguna manera; en nuestras relaciones, en nuestros trabajos, en el matrimonio e, incluso, en el ministerio. Pero, sin que lo supiéramos en esos momentos, Dios nos estaba ungiendo estratégicamente para Su servicio. Las dificultades financieras que enfrentaste te pusieron a prueba. Los problemas que sufriste con tu cónyuge te devastaron de verdad. Las situaciones que soportaste en el trabajo, te agotaron.

Sin embargo, en esos momentos, te encontraste apoyándote y dependiendo de Dios como nunca antes. Esos momentos te llevaron a aumentar tu tiempo de oración y hablaste con Dios, más y más, cada día. Las pruebas no fueron sencillas, pero fueron necesarias para equiparte y desarrollar la unción que necesitabas para llevar a cabo tu misión en la tierra.

Así que, cuando sientas el estrés y la tensión de la vida, debes saber que no durará

GRACIAS A DIOS POR LAS PRUEBAS **15**

para siempre y que no es en vano. Aunque estas pruebas son incómodas, Dios las utiliza para desarrollar el aceite necesario para diferenciarnos, de modo que, cuando otros experimenten nuestros ministerios o dones, sea evidente que la mano de Dios está sobre nosotros. No desprecies las pruebas, ¡agradécele a Dios por ellas!

PUNTOS PARA LA REFLEXIÓN

1. ¿Qué pruebas enfrentaste en el último año? ¿Cómo las manejaste? ¿Rezaste más o menos? ¿Te ocultaste o lograste llegar a una situación mejor?

   _____
   _____
   _____

2. Ahora, intenta recordar: ¿cómo ha utilizado Dios esas pruebas para tu bien?

   _____
   _____
   _____

ACCIONES DE LA SEMANA

1. Toma el compromiso de rezar por alguien que sepas que está pasando por un momento que los pone a prueba. En especial, reza por ellos esta semana para que puedan soportar el proceso.

2. Actúa para reconfortar a esa persona, enviándole una nota de ánimo, ofreciéndote como niñera o pagándole el almuerzo.

SEMANA 5
NECESITO LO QUE TÚ TIENES

LECTURAS DIARIAS

Día 1: Mateo 1-3

Día 2: Mateo 4-7

Día 3: Mateo 8-11

Día 4: Mateo 12-15

Día 5: Mateo 16-19

Día 6: Mateo 20-22

Día 7: Ponte al día con las lecturas que te hayas perdido.

¿TE ENCONTRASTE, ALGUNA VEZ, comparando tus talentos o dones con los de otra persona? ¿Sentiste que lo que tú aportas no se compara con las capacidades y recursos de otros? La verdad es que no estamos hechos para ser iguales o tener las mismas habilidades. Dios utiliza nuestras diferencias para complementarnos y completarnos los unos a los otros.

Mateo 3: 13-17 relata el encuentro de Jesús y Juan en el río Jordán, cuando Jesús se preparaba para comenzar su ministerio en el mundo. Su primo, Juan el Bautista, era muy conocido en la zona por predicar inflexiblemente la necesidad del arrepentimiento y la Palabra de Dios. Por inspiración divina, a través de la Palabra de los profetas, Juan comprendió que llegaría alguien que sería más grande de lo que él jamás podría ser. Juan bautizaba con agua, pero el Venidero bautizaría con el Espíritu Santo.

Un día, Jesús fue al Jordán, para que Juan lo bautizara; pero este se opuso enérgicamente a la idea. Si bien prepararía con gusto y valentía el camino del Venidero, Juan no se sentía digno ni siquiera de abrocharle los zapatos. Pero Jesús le explicó a Juan que ambos eran necesarios para llevar a cabo el propósito divino de Dios. Según las Escrituras, Jesús nunca bautizó a nadie durante Su tiempo de ministerio en la tierra (Juan 4: 1-2). Del mismo modo, Juan el Bautista nunca realizó ningún milagro (Juan 10:41). Sin embargo, Dios necesitaba *ambos* ministerios para llevar a cabo Su plan.

Tienes que saber que lo que tú aportas es importante y necesario. Puede que no tengas los dones que tiene otra persona. Tal vez no sepas cantar, tocar un instrumento o escribir hermosas poesías. Pero lo que hagas es importante, ya sea la amabilidad que les demuestras a los demás o tu capacidad para enseñarles a los niños. No todo el mundo está preparado para hacer lo que tú haces.

Tú pones una parte y yo, la otra… o yo, un poco y tú pones el resto. En cualquier caso, nos necesitamos. Así que, por favor, no subestimes ni lo que vales ni tu propósito. Al margen de tus habilidades o talentos personales, alguien te necesita.

PUNTOS PARA LA REFLEXIÓN

1. ¿Cuáles son tus dones?

2. ¿Cuáles son tus fortalezas? ¿Qué haces bien?

3. ¿Qué te detiene de utilizar tus dones?

ACCIONES DE LA SEMANA

1. Esta semana, tómate unos minutos durante tu tiempo de devoción y reza para que te guíen sobre las formas en las que puedes utilizar los dones que te has guardado en silencio.
2. Piensa en cómo puedes ayudar a alguien en un área en la que ahora te tienes confianza, pero en la que antes dudabas de ti misma.
3. Piensa en cómo puedes ayudar a alguien a completar una tarea o un proyecto. Tal vez, tú tengas lo que ellos necesitan para completar su tarea y viceversa.

SEMANA 6
DERRIBA TUS PROPIAS BARRERAS

LECTURAS DIARIAS

- Día 1: Mateo 23-25
- Día 2: Mateo 26-28
- Día 3: Levítico 1-4
- **Día 4: Levítico 5-8**
- Día 5: Levítico 9-12
- Día 6: Levítico 13-15
- Día 7: Ponte al día con las lecturas que te hayas perdido.

¡REGLAS! ¡REGLAS! ¡REGLAS! No le gustan casi a nadie, pero todos deben cumplirlas. Yo tengo reglas. Tú tienes reglas. Todos los hijos de Dios deberían tener reglas y principios por los que vivir de acuerdo con su fe. Una organización tiene políticas y procedimientos. Una iglesia tiene una constitución y estatutos. Todos tenemos límites que respetar, de lo contrario, debemos atenernos a las consecuencias.

En el libro de Levítico, luego de que los hijos de Israel fueran liberados del Faraón, Dios le dio a Moisés una serie de normas para expiar los pecados. No los desterró. Él comprendió que tenían una tendencia natural a pecar y, aún así, Dios quiso entablar una relación con ellos. Las reglas para la expiación abarcaban los pecados de los israelitas para que pudieran ser redimidos y perdonados. Había instrucciones para rituales y sacrificios; algunos para decir "lo siento", mientras que otros eran simplemente para decir "gracias". En Levítico 4-5, se describen los procedimientos para las ofrendas de arrepentimiento, con instrucciones especiales para aquellos que hayan pecado involuntariamente. Levítico 5:18 dice: "Mediante este proceso, el sacerdote hará expiación por el pecado que cometió por ignorancia, para que esté bien con el Señor y sea perdonado".

¿Cuántas veces hemos querido distanciarnos de personas que nos hacen daño? ¿Cuántas veces juramos no volver a hablar con alguien porque traicionó nuestra confianza? ¿Cuántas veces hemos dicho que era preferible olvidar a una determinada persona, simplemente, porque se negaba a escuchar nuestros cariñosos, obstinados y, a veces, no solicitados sabios consejos? A veces nos apresuramos a apartar a la gente y desterrarlas de nuestras vidas, pero esa no es la orden ni el camino de Dios. No sólo les dio instrucciones a los israelitas para la expiación, sino que, además, dio a Su único Hijo como sacrificio por nuestras faltas, porque nos ama incondicionalmente y necesitaba una forma de redimirnos de nuestros pecados. No se rindió, ni nos consideró una causa perdida. Nos mostró Su amor, a pesar de todos los errores cometidos. Lo menos que podemos hacer es devolver el favor, al perdonar, con amor, a quienes nos ofenden. Podemos encontrar la manera de mirar más allá de los defectos de los demás y mantener una relación comprometida.

Hoy en día, necesitamos más compromiso en nuestras relaciones. Esto puede requerir que derribes algunas barreras que has levantado en torno a tu corazón, o que hagas algunos sacrificios para obtener y mantener relaciones con los demás. No te rindas tan rápido con las personas; Dios ciertamente no se rindió con nosotros. Antes de tomar la decisión de construir más muros alrededor de tu corazón y de tu vida, piensa en lo amoroso que fue Dios contigo. Hagamos lo mismo por los demás.

PUNTOS PARA LA REFLEXIÓN

1. ¿Cuáles son algunas de tus reglas para relacionarte con otras personas? ¿Qué es lo que apruebas o desapruebas?

2. ¿Qué es lo que no puedes dejar pasar? ¿Existe algo para tí que pueda destruir por completo una amistad o una relación?

3. ¿De qué manera has honrado a otros que desearías que los demás hicieran contigo?

ACCIONES DE LA SEMANA

1. Decídete a ser amable con quienes no lo han sido contigo.
2. Haz una lista de las personas que necesitan tu perdón, ¡e intenta perdonar!
3. Pregúntate si hay algo que pueda estar obstaculizando tu relación con Dios. Haz una lista, luego, tómate un momento y reza la oración de arrepentimiento y pídele a Dios que te perdone.

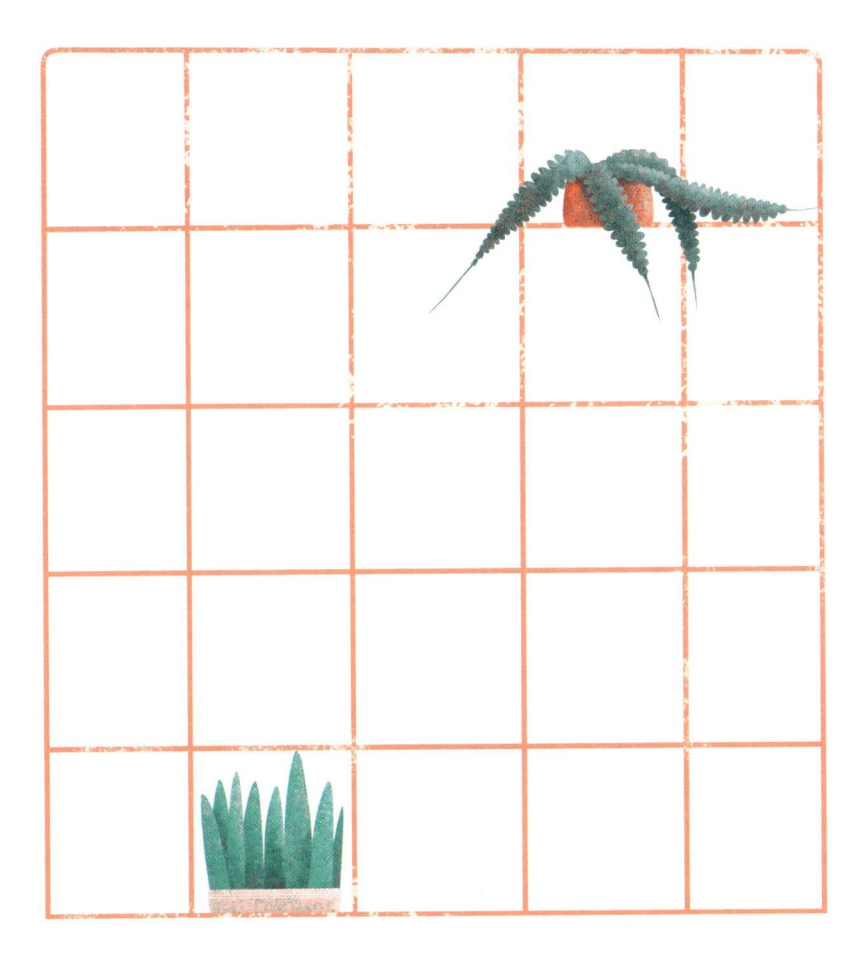

SEMANA 7
PROSPERA Y SÉ FELIZ

LECTURAS DIARIAS

Día 1: Salmos 1-3

Día 2: Levítico 16-19

Día 3: Levítico 20-23

Día 4: Salmos 4-6

Día 5: Levítico 24-27

Día 6: Salmos 7-10

Día 7: Ponte al día con las lecturas que te hayas perdido.

CREO QUE EL PROPÓSITO QUE TIENE DIOS PARA NOSOTROS es que seamos todo lo que podamos ser, que hagamos todo lo que estamos destinados a hacer y que tengamos todo lo que estamos destinados a tener. Pienso que Dios desea que hagamos más que apenas sobrevivir. En 3 Juan 1:2, Juan escribe que desea que su amigo prospere y que goce de buena salud, así como prospera su alma. Dios quiere que prosperemos. Pero, ¿qué significa prosperar? Puede significar tener éxito económico, desarrollarse o volverse fuerte y sano. Y yo creo con todo mi corazón, mente y alma que esa es la voluntad de Dios para nuestras vidas.

En el Salmo 1, el salmista nos hace saber que, a fin de estar listos para las completas bendiciones del Señor, hay ciertas cosas que debemos hacer, o no hacer. El salmo comienza con "Dichoso es aquel" (NVI); en otras palabras, feliz es aquel, o altamente favorecido, o próspero es aquel. Nota que el salmista no dijo "dichoso es el rey", o "dichoso es el rico", o "dichoso es el educado". Dijo dichoso es *aquel*, lo que nos permite saber de inmediato que las bendiciones son para todos nosotros. Tu posición social no tiene importancia. Tu cargo no tiene importancia. Serás bendecida *si* haces tu parte.

¿Cuál es tu parte? El versículo 1 dice que eres dichosa si no sigues el consejo de los malvados, ni te detienes en la senda de los pecadores, ni te sientas en la reunión de los desdeñosos. Básicamente, si quieres ser bendecida, vigila con quién te relacionas, presta atención a tu entorno y ten cuidado de cómo te desenvuelves mientras estás en ese entorno. El versículo 2 afirma que somos dichosos cuando nos deleitamos en la ley del Señor y, de buena gana, meditamos en ella día y noche.

El versículo 3 dice que estos comportamientos te harán como un árbol plantado a orillas de un río. Piensa en la analogía del árbol. Algunos árboles tienen raíces profundas en la tierra y, a pesar de las tormentas y por mucho que sople el viento, esos árboles pueden doblarse -incluso pueden perder algunas hojas-, pero siguen arraigados y enraizados. Y así es como debemos ser. Debemos permanecer arraigadas y enraizadas en nuestra relación con el Señor. Mientras lo hagamos, prosperaremos y seremos dichosas.

PUNTOS PARA LA REFLEXIÓN

1. ¿Qué es para ti la prosperidad?
   _____
   _____
   _____
   _____

2. ¿Te consideras una persona próspera? ¿Por qué sí o por qué no?
   _____
   _____
   _____
   _____

3. ¿Cuál sería tu consejo para alguien que busca la prosperidad?
   _____
   _____
   _____
   _____

ESTA ES MI ORACIÓN

Querido Dios:

Ayúdame a encontrar paz y prosperidad sólo en Ti. Rezo para que mis días estén llenos de alegría y felicidad, para que pueda compartir esa alegría y felicidad con los demás. Hazme como al árbol plantado junto al río, para que, pase lo que pase, pueda seguir de pie. Amén.

SEMANA 8
LA BENDICIÓN

LECTURAS DIARIAS

- Día 1: Números 1-4
- **Día 2: Números 5-6**
- Día 3: Proverbios 1-3
- Día 4: Números 7-9
- Día 5: Números 10-13
- Día 6: Proverbios 4-7
- Día 7: Ponte al día con las lecturas que te hayas perdido.

HE SIDO PARTE de la iglesia toda mi vida y una de las cosas que supe desde la niñez es que la bendición representa el final del servicio. Claro que, cuando era niña, no conocía el significado de esta palabra, solo sabía que no debía marcharme antes de que el pastor la pronunciara. Pero, a medida que envejecemos, comenzamos a creer que lo sabemos todo y tendemos a alejarnos de algunos de los principios con los que nos educaron. Cuando aprendí a conducir, iba y venía a la iglesia cuando quería. A veces, me iba antes de que terminara el servicio, tan solo porque podía o porque debía ir al trabajo y trataba de adelantarme a la multitud que salía del estacionamiento. Sin embargo, a medida que me familiarizaba con el significado de la palabra, entendí que era la bendición de Dios para con Su congregación, y tuve la necesidad de permanecer en el servicio hasta el final, ya que era un momento muy especial del culto.

El mismo Dios estableció este principio y se lo dio como directiva a Moisés para Aarón y sus hijos. En Números 6:23-26, Dios les dice específicamente qué decir cuando oren y pronuncien esta bendición, comenzando con: "Que el Señor te bendiga y te proteja; que el Señor te sonría" (NKJV). En otras palabras, el pueblo de Dios necesita saber que el Señor los mira y sonríe porque está complacido con ellos. Es amable con ellos, les muestra misericordia y preferencia. Mira en su dirección y les da —nos da— paz. Se trata, a la vez, de un regalo y una bendición.

Pasó mucho tiempo antes de que pudiera comprender lo hermosa y significativa que sería esta oración de bendición en mi vida. Esta semana, te animo a que te aferres a este hermoso regalo y lo pongas en práctica, no solo en tu vida, sino también en la de tus hijos, tu cónyuge, tu familia y tus amigos. Cuando tus hijos se vayan al colegio por la mañana, dales la bendición. Cuando tu esposo se vaya al trabajo o de viaje, dale la bendición. Cuando tu joven universitario se marche por un semestre, dale la bendición. Cuando una reunión familiar haya terminado y todos se dispongan a marcharse, dales la bendición. Siempre querrás asegurarte de que, quienes están conectados contigo, se sientan tan bendecidos, seguros y en paz como tú.

PUNTOS PARA LA REFLEXIÓN

1. ¿Conocías el significado de la palabra "bendición"? ¿Cuál era/es tu definición personal de la palabra?
   _____
   _____

2. ¿Tienes el hábito de rezar en voz alta por tus hijos, familiares o amigos? ¿Por qué sí o por qué no?
   _____
   _____

3. Te he dicho algunos casos en los que se debe dar la bendición del Señor. ¿Se te ocurren más?
   _____
   _____

ACCIONES DE LA SEMANA

1. Esta semana, has todo lo posible para dar la bendición del Señor sobre tus hijos y demás seres queridos.

2. Comienza a enseñarles a tus hijos, o a alguien que quizá no lo sepa, el significado de esta bendición y lo necesaria que es en nuestras vidas.

3. Esta semana, esfuérzate por dar la bendición del Señor sobre las personas con las que te encuentres.

SEMANA 9
UN RETRASO NO SIGNIFICA UNA NEGACIÓN

LECTURAS DIARIAS

Día 1: Números 14-16

Día 2: Números 17-19

Día 3: Números 20-22

Día 4: Proverbios 8-11

Día 5: Números 23-26

Día 6: Proverbios 12-14

Día 7: Ponte al día con las lecturas que te hayas perdido.

EL AÑO PASADO, IBA en un avión de Texas a Carolina del Norte que fue desviado a otro destino en pleno vuelo. Aterrizamos en Carolina del Sur y estuvimos sentados sobre el asfalto durante una cantidad de horas que parecieron interminables. Muchos pasajeros se quejaron porque estaban perdiendo sus vuelos de conexión. Muchos se quejaban porque habían estado viajando todo el día y querían llegar a casa. Luego de un rato, yo también empecé a quejarme. Mientras esperábamos, el piloto continuaba diciendo: "Gracias por su paciencia, en breve los llevaremos a destino". Cada vez que lo escuchábamos, nos daba la impresión de que era solo una promesa vacía.

Pero lo que no sabíamos era que el piloto estaba evitando volar a través de una tormenta. No sabíamos que, por mantenerse alejado de ella, estuvimos tanto tiempo en el aire y que el avión necesitaba gasolina para completar el viaje. Estábamos protestando sin saber que el piloto había tomado las medidas necesarias para mantenernos a salvo.

Eso me recuerda a una historia en Números 14, cuando a los hijos de Israel se les demoró el acceso a su Tierra Prometida. En este capítulo, se ordena a los hijos de Israel que cambien el curso de su viaje, den la vuelta y emprendan el largo camino a través del desierto; un viaje que duraría 40 años. Dios les dijo que no podían ir por el camino corto porque los esperaban enemigos contra los que no estaban preparados para luchar. Y les hizo recorrer un largo camino a través del desierto.

Pero había un propósito. Los disciplinó, los entrenó y los preparó para la vida como pueblo de la Tierra Prometida. En el desierto, murieron los detractores y nació una nueva generación de creyentes. Dios no tardó 40 años en sacar a los hijos de Israel de Egipto; tardó 40 años en sacar a Egipto de los hijos de Israel. Dios retrasó su llegada, pero no les negó la entrada a la Tierra Prometida.

Muchas de nosotras hemos cuestionado a Dios y hasta nos hemos quejado al pensar que nos demoraba y nos desviaba del camino. Muchas de nosotras sentimos que deberíamos estar más avanzadas de lo que estamos. Déjenme animarlas, como lo hago conmigo, a persistir un poco más. Sé que, tal vez, las cosas no vayan como tú quieres, pero debes saber que *caminarás* hacia tu promesa. Si te pasa como a mí en ese avión, puede que te sientas frustrada porque crees que estás esperando sin motivo; pero tienes que entender que un retraso no es una negación.

PUNTOS PARA LA REFLEXIÓN

1. ¿Qué área de tu vida sientes que está postergada y por qué te sientes así?

___

___

___

2. ¿Cómo lo has manejado?

_____
_____
_____
_____

3. Después de leer Números 14, ¿te identificas con Josué y Caleb o crees que habrías estado de acuerdo con los 10 que regresaron? ¿Por qué?

_____
_____
_____
_____

ESTA ES MI ORACIÓN

Querido Dios:
Ayúdame a rendirme al proceso de demora. Ayúdame a esperar pacientemente y a confiar en que Tus planes para mí son definitivamente para bien y no para mal. Padre, te ruego sabiduría durante este viaje. Ayúdame a no mirar a ambos lados, sino a centrarme en Ti, el autor y ejecutor de mi fe. Amén.

SEMANA 10
SOY TAN SOLO UN RECIPIENTE

LECTURAS DIARIAS

Día 1: Números 27-30

Día 2: Números 31-33

Día 3: Números 34-36

Día 4: Marcos 1-5

Día 5: Marcos 6-10

Día 6: Marcos 11-16

Día 7: Ponte al día con las lecturas que te hayas perdido.

DURANTE LA MAYOR PARTE DE NUESTRAS VIDAS, nos han dicho que las mujeres son el "recipiente más frágil" (1 Pedro 3:7, KJV). Algunas pensarán que es negativo, pero la palabra "recipiente" simplemente significa "cuerpo". Significa que el cuerpo de la mujer es el más frágil. Y lo somos, la mayoría de las veces. Que digan que mi cuerpo es más débil no me molesta porque eso no tiene nada que ver con mi intelecto o mi fuerza de espíritu. No tiene nada que ver con lo que soy capaz de realizar, en el mundo laboral, como administradora o como maestra. Puede que mi cuerpo sea más frágil, pero soy fuerte en muchos otros aspectos. Un recipiente es un contenedor, algo que alberga otra cosa o vierte su contenido en otros recipientes. Y está diseñado para darlo todo hasta vaciarse. Damas, fuimos diseñadas para cambiar el rumbo de todo lo que nos rodea, simplemente por lo que tenemos para dar. Tal vez somos el recipiente más frágil, pero tenemos la capacidad de generar cambios en quienes nos rodean.

Esto me recuerda una historia en Números 27, acerca de unas hermanas que demostraron su fuerza interior. Cuenta la Biblia que, después de la muerte de su padre, Zelofejad, estas jóvenes acudieron a Moisés y a los demás sacerdotes para pedir la parte de la herencia que le correspondía a su padre. Argumentaron que el nombre de su padre no debía borrarse del linaje solo por no haber tenido hijos varones. Ellas no se conformaron. No se limitaron a seguir la tradición. Impulsaron un cambio.

Y en Números 27:7-10, está escrito que las muchachas ganaron su caso. El Señor le dijo a Moisés: "Las hijas de Zelofejad hablan con razón; debes darles la posesión de una herencia entre los hermanos de su padre y harás que a la herencia la reciban ellas" (NKJV). La valentía de las hermanas dio sus frutos, no solo para ellas, sino también para las generaciones futuras. Eran mujeres, pero fueron las precursoras que cambiaron las reglas para el bien de todas las mujeres venideras.

Lamentablemente, muchas personas solo ven lo externo. Solo ven a la mujer. No pueden ver más allá del recipiente y captar el poder de lo que es capaz. Somos mujeres, pero mujeres que abren caminos.

Nos esforzamos por hacer la diferencia. No eres indefensa; no estás desesperada. Eres una vencedora, fuerte y poderosa y mereces todo lo que Dios tiene reservado para ti. Así que aprovecha tu poder como mujer y asume el lugar que Dios te dio.

PUNTOS PARA LA REFLEXIÓN

1. ¿De qué manera te has subestimado?

2. ¿De qué manera crees que los demás te han subestimado, quizá por ser mujer?

3. Si pudieras cambiar una regla en beneficio de los demás, ¿cuál sería?

ESTA ES MI ORACIÓN

Querido Dios:
Ayúdame a ser el recipiente para el que Tú me creaste. Alejo todo temor, porque el espíritu que me diste no es temeroso, sino de amor, de poder y de mente lúcida. Ayúdame a dejar una marca en aquellos con los que me encuentre. Es mi deseo complacerte y marcar la diferencia en la tierra. Amén.

SEMANA 11
SOPORTAR LAS CARGAS

LECTURAS DIARIAS

Día 1: Deuteronomio 1-4

Día 2: Deuteronomio 5-8

Día 3: Salmos 11-14

Día 4: Deuteronomio 9-11

Día 5: Deuteronomio 12-15

Día 6: Salmos 15-17

Día 7: Ponte al día con las lecturas que te hayas perdido.

LAS TRANSICIONES PUEDEN SER UN MEDIO para evolucionar, pero debes asegurarte de que lo haces de forma intencionada, porque los enemigos parecen activarse cuando estás pasando por una transición. Es cuando descubres lo fuerte que eres y lo fuerte que es tu vida en oración. En Deuteronomio 1, encontramos a Moisés dirigiéndose a los hijos de Israel, quien les recuerda su viaje. Repasa todos los detalles de su travesía por el desierto para ayudarlos a comprender de dónde vienen y hacia dónde van. Sostengo que, en este punto, Moisés no solo está tratando de ayudarlos a entender a *ellos*, sino que, además, está tratando de darle sentido a su *propio* proceso de transición.

Comienza por recordarles cuando el Señor les dijo que llevaban demasiado tiempo estancados en el monte Horeb y que era hora de seguir adelante. El Señor les marcó el camino a recorrer y les dijo que ocuparían las tierras que les había prometido a sus antepasados. Entonces, Moisés tiene un momento de honestidad. Recuerda cómo los hijos de Israel se convirtieron en una multitud, muy superior a la que eran cuando comenzaron, y admite que no puede ocuparse él solo de todos los problemas: "¿Cómo puedo seguir ocupándome yo solo de todos los problemas, las cargas y los pleitos de ustedes?" (Deuteronomio 1:12, NVI). Por lo tanto, sigue las directivas del Señor y designa "hombres sabios, inteligentes y experimentados" (Deuteronomio 1:13, NVI) de entre la comunidad, para ayudar a solucionar los problemas de la gente.

Para Moisés, esta necesidad se hace más evidente durante una transición porque, cuando las personas van de un lugar a otro, puede resultar desafiante, confuso y caótico. Cuando eres un líder, o alguien en quien los demás se apoyan, a veces los retos de tu comunidad se convierten en tus propios retos y su confusión se convierte en tu confusión. Te ocupas de sus problemas. Buscas soluciones para ellos. Pero ¿también los eximes de responsabilidad?

En un tiempo de transición, cuando se cambia de lo bueno a lo mejor, debes dejar que cada quién se ocupe de su salvación. Sí, fuimos convocados a fortalecer a nuestros hermanos y hermanas, y se nos indicó ayudarlos a llevar sus cargas cuando no pueden con ellas. Pero no estamos diseñados para cargar con todo nosotros mismos, ni siquiera Moisés lo estaba. Gálatas 6:5 dice que cada uno deberá llevar su propia carga. Tal vez estés acostumbrada a rescatar a todo el mundo y, por supuesto, quieres ayudar lo más posible. Pero no debemos facilitarle la vida a las personas ni impedir que crezcan. En cambio, anímalas, empodéralas y celebra con ellas sin impedir que sean responsables de llevar su propia carga en medio de su transición.

PUNTOS PARA LA REFLEXIÓN

1. ¿Te consideras facilitadora o empoderadora? ¿Por qué?

2. Como madres, líderes o hermanas tenemos la tendencia de correr al rescate. ¿Recuerdas alguna ocasión en la que hayas intervenido, cuando deberías haber dejado que alguien resolviera algo por sí mismo? ¿Cuáles fueron los resultados?

3. ¿Puedes ver tu transición, de un nivel a otro, en este preciso momento? ¿Cómo ha sido tu proceso?

_____
_____
_____
_____

ACCIONES DE LA SEMANA

1. Escribe una lista de aquellas personas a las que "se supone" debes ayudar y cómo crees que debes hacerlo. Anota, exactamente, cuánto ayudarás y dónde marcarás tu límite.

2. Si piensas que estás atravesando una transición, grande o pequeña, enumera los pasos que debes dar para tener éxito. Elabora un calendario que te ayude a cumplir con tus objetivos.

SEMANA 12
BENDITA O MALDITA

LECTURAS DIARIAS

- Día 1: Deuteronomio 16-18
- Día 2: Deuteronomio 19-21
- Día 3: Salmos 18-21
- Día 4: Deuteronomio 22-25
- **Día 5: Deuteronomio 26-28**
- Día 6: Salmos 22-25
- Día 7: Ponte al día con las lecturas que te hayas perdido.

EN DEUTERONOMIO 28, Moisés le ofrece a la nación de Israel dos opciones. El Dios que hizo un pacto con los hijos de Israel les da la opción de ser bendecidos o maldecidos. Si nos dieran a elegir, naturalmente elegiríamos la bendición, porque todos queremos ser bendecidos. Pero debes preguntarte: ¿Te has preparado para ser bendecida?

La Palabra del Señor llegó a Moisés para decirles a los hijos de Israel que *si* escuchaban diligentemente la voz del Señor y velaban por cumplir todos sus mandamientos, *entonces,* todas las bendiciones caerían sobre ellos. Muchas escuchamos la Palabra semana tras semana, pero ¿cuánto realmente retenemos o ponemos en práctica en nuestras vidas? ¿Cuánto la consideramos como la Palabra viviente de Dios?

No sé tú, pero yo estoy en un momento de mi vida en el que no puedo permitirme dar más rodeos. No puedo permitirme perder el tiempo ni cometer más errores. Necesito saber la dirección exacta en la que debo dirigirme. Si las cosas van a suceder a mi favor, debo estar bajo Su voluntad. Si eres como yo, necesitas un rumbo real. Si eres como yo, no te gusta lo confuso; necesitas claridad acerca de adónde ir y qué hacer. Cuando aprendas a reconocer la voz de Dios y a escuchar Sus palabras, entonces, estarás preparada para recibir Sus bendiciones.

Y no solo debemos escuchar lo que Dios tiene para decir; también debemos hacer lo que Él dice. Ya ves, una cosa es escuchar y otra muy distinta hacer lo que nos dicen. Y, a veces, ahí está nuestra falla. No nos importa escuchar. De hecho, cada semana, nos presentamos fielmente para escuchar, pero fracasamos en el intento. Ahí es donde la obediencia entra en juego.

BENDITA O MALDITA

¿Hiciste lo que Dios te dijo que hicieras? La pelota está de tu lado. Puedes elegir. ¿Quieres ser bendecida?

PUNTOS PARA LA REFLEXIÓN

1. ¿Te has preparado para ser bendecida? ¿Estás escuchando y actuando? ¿Te ha resultado difícil hacerlo? ¿Por qué?

   _____
   _____
   _____
   _____

2. ¿Te sentiste alguna vez más maldecida que bendecida? ¿Cómo lograste revertir la maldición?

   _____
   _____
   _____
   _____

ACCIONES DE LA SEMANA

1. Haz una lista de tus bendiciones y comprométete a darle las gracias a Dios por cada una de ellas, cada día de la semana.

2. Haz una lista de los mandatos que no has cumplido, ya sea ayudar, perdonar o donarle algo a alguien. Esta semana, comienza a tacharlos de tu lista, uno a uno.

SEMANA 13
TU PROPIO RÍO JORDÁN

LECTURAS DIARIAS

- Día 1: Deuteronomio 29-31
- Día 2: Deuteronomio 32-34
- **Día 3: Josué 1-4**
- Día 4: Josué 5-8
- Día 5: Josué 9-12
- Día 6: Josué 13-16
- Día 7: Ponte al día con las lecturas que te hayas perdido.

JOSUÉ 3 NARRA LA HISTORIA de cómo Josué y los hijos de Israel cruzaron el río Jordán. Este era el pueblo que había sido liberado de Egipto y de las manos del faraón. Habían atravesado el Mar Rojo. Y sucedió que, luego de 40 años en el desierto, se encontraron con un último obstáculo entre ellos y su Tierra Prometida: el río Jordán. Tuvieron que enfrentarse con 321 kilómetros de puro desaliento. ¿Por qué? En aquella época del año, por causa de las lluvias en tiempos de cosecha, el río Jordán estaba crecido y desbordado. Los israelitas acamparon a orillas del Jordán durante tres días, seguramente, intentando averiguar cómo cruzarlo. Estaban estancados.

Es posible, que no estés donde solías estar, pero que estés estancada en un lugar que no es tu destino; es tu propio río Jordán. Puede ser financiero, mental, emocional o, incluso, espiritual. Sea cual fuere el caso, te encuentras en un lugar en el que desearías no estar. Sin embargo, estás en buena compañía porque todas hemos pasado por lo mismo en algún momento de nuestras vidas. Fuimos escogidas, tenemos dones y talentos, pero todas nos hemos estancado. No se supone que estemos ahí.

Josué buscó la guía del Señor para poder cruzar el río y la recibió. Dios le ordenó a Josué que los sacerdotes que transportaban el Arca de la Alianza, "se adentraran unos pasos en el río y se detuvieran... En cuanto sus pies toquen el agua, se cortará la corriente río arriba y las aguas se levantarán formando un muro" (Josué 3:8–13). Eso es exactamente lo que hicieron y "esperaron allí hasta que toda la nación de Israel cruzó el Jordán con el suelo seco" (Josué 3:17).

Más allá de la época en la que estemos, necesitamos de las claras instrucciones de Dios para afrontar nuestros propios ríos. Debemos ser como Josué y los hijos de Israel, al buscar el rostro del Señor para la estrategia y la dirección. Si Dios dice que nos movamos, entonces, debemos movernos. Si Él dice que hablemos, entonces, debemos juntar valor para hablar sobre Su corazón. Si Él dice que nos quedemos quietas, entonces, debemos hacerlo hasta que Su voluntad sea clara. Si deseamos cruzar nuestro río Jordán, la obediencia a la voz del Señor debe ser nuestra máxima prioridad. No sé tú, pero yo me niego a quedarme estancada y conformarme con menos de lo que estoy destinada a recibir y conseguir.

PUNTOS PARA LA REFLEXIÓN

1. ¿En qué áreas de tu vida te has sentido estancada alguna vez?

   _____

   _____

2. ¿Qué hiciste? ¿Buscaste orientación o un consejo sabio?

   _____

   _____

3. ¿Cómo empezaste a avanzar nuevamente? ¿Qué hiciste para salir del bache en el que estabas?

   _____

   _____

VERSÍCULO DE LA SEMANA

Sé fuerte y muy valiente. Obedece con atención todas las instrucciones que Moisés te dio. No te desvíes de ellas, ni a la derecha ni a la izquierda. Entonces, tendrás éxito en todo. Estudia este Libro de Instrucción continuamente. Medita sobre su contenido de día y de noche para que puedas obedecer todo lo que está escrito en él. Solo así prosperarás y tendrás éxito en todo lo que hagas. Te lo ordeno— ¡Sé fuerte y valiente! No tengas miedo ni te desanimes. Porque el Señor, tu Dios, te acompañará dondequiera que vayas.
▸ Josué 1:7-9

SEMANA 14

¡SOY UNA TRIUNFADORA!

LECTURAS DIARIAS

- Día 1: Josué 17-20
- Día 2: Josué 21-24
- Día 3: Proverbios 15-17
- Día 4: Jueces 1-3
- Día 5: Jueces 4-6
- **Día 6: Jueces 7-10**
- Día 7: Ponte al día con las lecturas que te hayas perdido.

EN ESTE PAÍS, las temporadas de fútbol, básquetbol y béisbol son tan definitorias como las del primavera, verano, otoño y invierno. Vivimos en una sociedad competitiva. Nos encanta ver cómo un equipo trabaja unido para ganar un partido. Bien, seamos o no conscientes de ello, todas estamos en un juego. Es el juego de la vida, y tenemos un adversario que no quiere vernos ganar ni ver a nuestras familias florecer ni ver a nuestros matrimonios funcionar. No quiere que nuestros negocios tengan éxito ni que seamos felices y completas. Hay mucho en juego y habrá un ganador y un perdedor. No sé tú, pero yo estoy convencida de que voy a ganar este juego.

En el libro de los Jueces, encontramos un relato sobre cómo Dios le otorgó a Gedeón la victoria sobre su enemigo. En Jueces 6, Israel se había sublevado y Dios permitió que la nación de Madián los dominara. Pero entonces, Dios tuvo misericordia y asignó a Gedeón para que fuera a rescatarlos. Gedeón no se creía capaz de poder cumplir con el encargo. Su tribu era la más débil del grupo y no había forma de que pudieran con los madianitas. Así que Gedeón le pidió a Dios una señal y Dios se la envió. De hecho, Dios le envió varias señales para demostrarle que estaba a su lado, porque Gedeón era como muchas de nosotras; no siempre le creemos completamente al Señor y queremos tener una señal tras otra para asegurarnos de que Él va a cumplir con Su palabra.

Finalmente, cuando Gedeón se convenció, trajo un ejército de 32000 hombres para luchar contra los madianitas. Pero Dios le hizo regresar a casa a todos sus hombres, menos a 300, diciendo que Él proveería la victoria (Jueces 7:7). Dios cumplió su promesa. Con solo 300 hombres, Gedeón venció a los madianitas.

A veces, solo tienes que apoyarte en la palabra de Dios. De eso se trata la fe. Según Hebreos 11:1: "la fe es la esencia de todo lo esperado, la convicción de lo que no se ve" (KJV). Cuando no tienes pruebas, debes confiar en Su palabra, aunque no tenga sentido. Si Dios ya te declaró ganadora, eres una ganadora. Si Dios ha manifestado que eres exitosa, entonces, eres exitosa. No necesitas una señal o un código secreto; solo necesitas recordar Su palabra. A pesar de las adversidades, siempre debemos recordar que, si Dios está con nosotras, Él puede más que todo el mundo en nuestra contra (Romanos 8:31). Ese tipo de generosidad inclina la balanza a nuestro favor ¡y nos transforma en ganadoras!

PUNTOS PARA LA REFLEXIÓN

1. ¿Habrías confiado en las instrucciones de Dios y enviado a casa a la mayoría de tus hombres? ¿Por qué sí o por qué no?

2. ¿Hubo algún momento en tu vida en el que confiaste en Dios y tuviste éxito contra todo pronóstico?

3. En Jueces 7:9-11, Dios le pide a Gedeón que vaya al campamento de su enemigo. ¿Por qué y cuáles fueron los resultados?

VERSÍCULO DE LA SEMANA

El Señor le dijo a Gedeón: "Con trescientos hombres te rescataré y te daré la victoria por sobre los madianitas. Envía a todos los demás a casa". Entonces, Gedeón recogió las provisiones y arietes de los demás guerreros y los envió a casa. Pero mantuvo a los 300 hombres con él.

El campamento madianita estaba en el valle, más abajo del de Gedeón. Aquella noche, el Señor le dijo: "¡Levántate y baja al campamento porque te he dado la victoria sobre los madianitas!". ▸Jueces 7:7-9

SEMANA 15
CONFÍA EN SU TRAYECTORIA

LECTURAS DIARIAS

Día 1: Jueces 11-14

Día 2: Jueces 15-17

Día 3: Jueces 18-21

Día 4: Salmos 26-29

Día 5: Salmos 30-33

Día 6: Salmos 34-37

Día 7: Ponte al día con las lecturas que te hayas perdido.

EN EL SALMO 30, David se encuentra recordando, dando las gracias a Dios por su soberanía, y reflexionando sobre la bondad del Señor hacia él. Hubo una época en la que no siempre hacía lo correcto, pero Dios fue misericordioso. Al comenzar realmente a prosperar, David se volvió un poco presumido, y empezó a hacer las cosas a su manera. Al actuar de manera errónea, sintió que Dios le había dado la espalda, pero eso no duró mucho. David afirma en el versículo 5, "Solo un instante dura su enojo y toda la vida, su favor; puede que haya llanto por la noche, pero por la mañana habrá alegría" (NKJV). A pesar de haber actuado de manera equivocada, David recordó la gracia de Dios hacia él.

Déjame animarte a que te tomes un momento y reflexiones sobre la gracia y la misericordia de Dios hacia ti. Cuando recordamos lo bondadoso y misericordioso que Dios ha sido con nosotros, a pesar de nuestras acciones, debería darnos un profundo sentimiento de gratitud. Basta con recordar un momento de gracia. Entonces, te puedes entusiasmar con todo lo que Él hará, porque tiene el poder de repetir todo lo que hizo antes. Cuando estás en medio de tu lucha, resulta difícil comprender cuál será el resultado, pero si ya te has recuperado alguna vez, puedes volver a hacerlo. Si el Señor ya te ha favorecido con una gran oportunidad laboral, puede volver a hacerlo. No hay límites cuando se trata de Dios. Su promesa no fue bendecirte por única vez. No prometió curarte una sola vez, y que eso sería el fin de tu sanación. No prometió que te abriría una sola puerta y punto.

Jesús murió por la salvación de todos nosotros, y debería darnos la seguridad de que aún no ha terminado, pues quedan muchas almas por salvar. Hemos visto cómo nos ha protegido durante fuertes tormentas, cómo nos ha resguardado de terribles accidentes automovilísticos y cómo ha salvado la vida de nuestros familiares. Estoy convencida de que podemos confiar en Él para que vuelva a hacer todo eso y mucho más. ¡No hay límites para todo lo que nuestro Dios puede realizar!

Si pudiéramos aferrarnos a todo lo que Dios ya ha realizado, nos sentiríamos entusiasmadas rápidamente con nuestras futuras posibilidades. Tal como dijo David, "Solo un instante dura su enojo y toda la vida, su misericordia". No sé los demás, pero estoy agradecida porque, a pesar de mis errores, Dios extiende Su gracia sobre mí, sin prestar atención a ellos. Esto me llena de esperanzas sobre mi futuro, y sobre las bendiciones que, sin duda, vendrán. Por lo tanto, te aliento a que confíes en Su trayectoria. Confía en que toda bendición del Señor que alguna vez recibiste, puede llegar a tu vida nuevamente. Confía en Su trayectoria.

PUNTOS PARA LA REFLEXIÓN

1. ¿Recuerdas alguna ocasión en la que Dios fue bondadoso contigo, aunque tú sentías que no merecías Su bondad?
   _____
   _____

2. ¿De qué manera, recibir la compasión de Dios te ha enseñado a ser compasiva con los demás?
   _____
   _____

3. En ocasiones, confiar se hace difícil. ¿Qué parte difícil de tu vida le confiarás a Dios?
   _____
   _____

ACCIONES DE LA SEMANA

1. Tómate un momento para recordar y enumerar cómo Dios te ha bendecido.
2. A partir de la próxima semana, dedica un momento cada día para dar las gracias por tus bendiciones.

SEMANA 16
DEJA DE ESTRESARTE Y COMIENZA A REZAR

LECTURAS DIARIAS

- Día 1: Rut 1-4
- **Día 2: 1 Samuel 1-3**
- Día 3: 1 Samuel 4-7
- Día 4: 1 Samuel 8-11
- Día 5: 1 Samuel 12-14
- Día 6: 1 Samuel 15-17
- Día 7: Ponte al día con las lecturas que te hayas perdido.

EN 1 SAMUEL 1, se cuenta la historia de una mujer que padecía un vacío en su vida. Su nombre era Ana; no tuvo hijos porque el Señor la había hecho estéril (1 Samuel 1: 6, NKJV). Lo que es peor, Penina, la segunda esposa de su marido, sí tenía hijos. Ten en cuenta que los niños eran un signo de valor y una base para la seguridad, por lo que, el solo hecho de que el Señor no había permitido que Ana tuviera hijos, la hizo sentirse inútil, incompleta y desesperanzada. En aquel momento, Ana no sabía lo que Dios le tenía reservado. Sólo percibía lo que no tenía y lo que no podía hacer, y esto la afectó de manera mental y emocional.

Estaba tan estresada que no podía comer. Su marido, Elcaná, quiso darle el doble de sus posesiones para hacerla sentir mejor, pero eso no era lo que ella quería o necesitaba. Entonces, ¿qué hizo Ana? No se quejó, ni culpó a su marido, ni se peleó con Penina por celos. Fue al templo y comenzó a entregar su alma a Dios.

El problema de muchas de nosotras es que tendemos a entregarle nuestra alma a otras personas, con la esperanza de obtener una respuesta, cuando la mayoría de las veces sólo pueden ofrecernos sus opiniones. Debemos entregar nuestras luchas a Aquel que tiene el poder de responder nuestras plegarias y resolver nuestros problemas. Ana hizo eso. Fue al templo y rezó tan decididamente que Eli, el sacerdote, pensó que estaba borracha y le preguntó cuándo dejaría la bebida. Ella respondió, "No, mi señor, soy una mujer de espíritu entristecido. No he bebido vino, ni otras bebidas, sino que he venido a desahogar mi alma ante el Señor" (1 Samuel 1:15, NKJV). Entonces, Elí le dijo que se fuera en paz, y que Dios le concedería lo que le había pedido.

Después de eso, Ana siguió su camino y ya no estuvo triste. Por supuesto, si has leído hasta el final de la historia, sabrás que Ana fue, en última instancia, la responsable de dar a luz a Samuel, uno de los mayores profetas que existen en las Escrituras. Pero incluso antes de concebir, Ana se sintió en paz por poder entregar su alma al Señor, y contarle su verdad a Elí.

Muchas de nosotras nos aferramos a cosas que no podemos cambiar. Las interiorizamos y dejamos que nos estresen, hasta el punto de provocar ansiedad y depresión. Te animo a que te liberes de todo eso, y le entregues tu alma al Señor. Sé sincera contigo misma, admite lo que te preocupa y confía en Dios lo suficiente como para dejárselo a Él. Mientras esperas que Dios te ayude, Él puede estar esperando que clames por Él.

PUNTOS PARA LA REFLEXIÓN

1. ¿Qué es lo que más te estresa de tu lista? ¿Por qué eso es tan estresante?

   _____
   _____
   _____

2. ¿Cómo sueles manejar esas cosas sobre las que no tienes control? (¡Sé sincera!)

   _____
   _____
   _____
   _____

3. Luego de leer la historia de Ana, ¿qué has aprendido sobre ti? En el futuro, ¿cómo manejarás tu estrés?

   _____
   _____
   _____
   _____

VERSÍCULO DE LA SEMANA

A la mañana siguiente, la familia madrugó y fueron a adorar al Señor una vez más. Luego regresaron a casa, en Ramá. Cuando Elcaná se acostó con Ana, el Señor recordó su súplica y, a su debido tiempo, ella dio a luz un hijo. Lo llamó Samuel, pues dijo: "Se lo pedí al Señor". ▸ **1 Samuel 1:19-20**

SEMANA 17
TRASLADO DEL ARCA

LECTURAS DIARIAS

- Día 1: 1 Samuel 18-21
- Día 2: 1 Samuel 22-25
- Día 3: 1 Samuel 26-29
- Día 4: 1 Samuel 30-31
- Día 5: 2 Samuel 1-4
- **Día 6: 2 Samuel 5-8**
- Día 7: Ponte al día con las lecturas que te hayas perdido.

EN 2 SAMUEL 5, los filisteos se enteran de que David fue ungido como rey de Israel, y salen en su busca para destruirlo. David se entera del ataque inminente y acude al Señor para que lo guíe. Espera y escucha las instrucciones de Dios, y sale victorioso cuando las sigue al pie de la letra. Como líder, David sabe que escuchar a Dios debe ir siempre por delante de la acción.

En 2 Samuel 6, luego de derrotar en batalla a los filisteos, dos veces, David se enfrenta a otro desafío de liderazgo. Se prepara para devolver el Arca del Señor a su legítimo lugar en Jerusalén, tras haber sido capturada brevemente por los filisteos. El Arca es un cofre sagrado bañado en oro, que contiene las tablas de los Diez Mandamientos, y debe manipularse de acuerdo con normas muy específicas. Pero esta vez, David no le pidió instrucciones a Dios. En cambio, él y sus hombres retiraron el Arca de la casa de Abinadab, y encargaron a los hijos de éste, Uza y Ajío, que la transportaran a Jerusalén. David, y todo el pueblo de Israel, cantaba y celebraba junto a la carreta, pero de repente, los bueyes tropezaron. Uza extendió las manos para sostener el Arca, y Dios lo mató inmediatamente.

¿Qué salió mal? Las personas implicadas hicieron las cosas como *ellos* pensaban que era lo mejor, en lugar de escuchar a Dios. El Señor había establecido reglas para transportar el Arca, y entre ellas no figuraba ponerla en una carreta. Pudo haber sido conveniente para David y sus hombres mover el Arca así, pero no fue como Dios les dijo que lo hicieran. Lo que Dios *sí* les dijo es que nadie podía tocar el Arca (ver, Números 4:15). Cuando Uza extendió las manos para evitar que el Arca se cayera, tomó una decisión rápida que le pareció correcta, pero que le costó la vida.

Ambos pasajes ilustran claramente por qué es conveniente rezar antes de actuar. Proverbios 3:5–6 dice, "Confía en el Señor de todo corazón, y no te apoyes en tu propio juicio; reconócelo en todos tus caminos, y él enderezará tus sendas" (NKJV). Cuando confiamos en Dios, salimos victoriosas, como David sobre los filisteos.

Pero, lamentablemente, a veces pasamos por alto algunas indicaciones recibimos. Empezamos a hacer las cosas por conveniencia en lugar de cómo se nos ha instruido.

Este es un claro ejemplo de cómo nuestra obediencia hacia Dios afecta a todos a nuestro alrededor, incluyendo a nuestras familias, a nuestros colegas de trabajo, y a nuestros compañeros en el ministerio. Debemos asegurarnos de escuchar a Dios, y de seguir Sus instrucciones, no basándonos en lo que sentimos o pensamos, sino en lo que Él ha dicho. Y cuando parece que Dios no hablara, debes recordar lo que ya dijo. Tiene que ser a Su manera, ¡porque Su manera siempre es la correcta!

PUNTOS PARA LA REFLEXIÓN

1. ¿Alguna vez diste un paso por el que, probablemente, deberías haber rezado antes? ¿Hubo consecuencias?

2. ¿Por qué a veces nos resulta más fácil seguir nuestro propio camino que buscar la dirección de Dios?

3. De ahora en adelante, ¿cómo manejarás tus decisiones, pequeñas o grandes?

_____
_____
_____
_____

ESTA ES MI ORACIÓN

Querido Dios:
Ayúdame a buscarte en todo lo que hago. Es mi deseo estar bajo Tu divina y perfecta voluntad, no sólo por mí, sino por todos los que están conectados conmigo. Hoy juro buscar Tu rostro, escuchar Tu voz y dejarme guiar por Tu mano poderosa. En el nombre de Jesús, amén.

SEMANA 18
DIOS NO SE HA OLVIDADO

LECTURAS DIARIAS

- **Día 1: 2 Samuel 9-12**
- Día 2: 2 Samuel 13-15
- Día 3: 2 Samuel 16-18
- Día 4: 2 Samuel 19-21
- Día 5: 2 Samuel 22-24
- Día 6: Salmos 38-41
- Día 7: Ponte al día con las lecturas que te hayas perdido.

EN 2 SAMUEL 9, podemos ver cómo David encuentra la manera de mostrarle bondad a Mefiboset, el hijo de su mejor amigo, Jonatán, y el nieto de su peor enemigo, Saúl. Cuando la niñera que cuidaba a Mefiboset, de cinco años, se enteró de que Saúl y Jonatán habían muerto en batalla, tomó al niño y se escapó. Con el apuro, lo dejó caer, y el niño se fracturó ambos pies y quedó discapacitado para siempre. En aquella época, si eras discapacitado, te costaba mucho ganarte la vida (incluso más que hoy), y las personas no podían ver más allá de tus diferencias para valorarte. Como esto le ocurrió de niño, Mefiboset pasó la mayor parte de su vida sin ser capaz de valorarse. En 2 Samuel 9, él es un hombre adulto, que vive en casa ajena en una pequeña ciudad llamada Lo-Debar, incapaz de sustentarse por sí mismo.

En 1 Samuel 20:14-15, Jonatán dice, "Y me tratarás con el amor fiel del Señor mientras yo viva. Pero si muero, trata a mi familia con este amor fiel, aunque el Señor destruya a todos tus enemigos de la faz de la tierra" Algunos años después, David no había olvidado la promesa que hizo. Cuando David interactúa con Mefiboset, le dice, "No temas... Mi intención es mostrar bondad hacia ti, por la promesa que le hice a tu padre, Jonathan. Te daré todas las propiedades que una vez pertenecieron a tu abuelo Saúl, ¡y comerás aquí conmigo, en la mesa del rey!" (2 Samuel 9:7).

Mefiboset siempre se había sentido como si fuera nadie. De hecho, en el versículo 8, le pregunta a David, "¿Quién es este siervo, para que le muestres tanta bondad a un perro muerto como yo?". Es muy posible que quisiera ser olvidado por las maldades que hizo su abuelo Saúl. Pero David quiere bendecirlo por la promesa que le hizo a su padre, Jonatán. Mefiboset no puede entender que alguien le muestre este tipo de favor, pero Dios tiene planes más allá de su comprensión.

Dios tampoco se ha olvidado de ti. No tiene nada que ver contigo, ni con nada que hayas hecho, bien o mal. Todo es por la gracia de Dios. Aunque parezca que no es posible, sigue habiendo gracia sobre tu vida. Las bendiciones que Dios tiene para ti llegan a pesar de ti, no gracias a ti. La verdad es que todos tenemos defectos. Pero Dios mira más allá de los defectos y sigue supliendo nuestras necesidades. Incluso nos brinda algo de lo que queremos. Dios todavía te tiene en Su mente. Como Mefiboset, puede que no te sientas favorecida, pero sí que lo eres. Puede que no te sientas bendecida, pero eres más que bendecida.

PUNTOS PARA LA REFLEXIÓN

1. ¿Hubo un momento en tu vida en el que no hayas podido ver tu propio valor? ¿Cuáles fueron las circunstancias que rodearon esa época de tu vida?

   _____
   _____
   _____

2. ¿Cómo te liberaste de ese pensamiento? ¿Todavía luchas con él?

   _____
   _____
   _____

3. ¿Cómo alentarías a una persona a quien le cuesta valorarse?

   _____
   _____
   _____

ACCIONES DE LA SEMANA

1. Esta semana, piensa en formas de ser amable con alguien.
2. Piensa en la amabilidad que te hayan mostrado en algún momento. Luego, intencionalmente, hazlo con otra persona.
3. Encuentra la manera de hacer sonreír a alguien que sabes que no está bien de ánimo.
4. Envíale un mensaje a alguien, y recuérdale que Dios no lo ha olvidado.

SEMANA 19
LA SEQUÍA ESTÁ A PUNTO DE TERMINAR

LECTURAS DIARIAS

- Día 1: 1 Reyes 1-4
- Día 2: 1 Reyes 5-7
- Día 3: 1 Reyes 8-10
- Día 4: 1 Reyes 11-14
- **Día 5: 1 Reyes 15-18**
- Día 6: 1 Reyes 19-22
- Día 7: Ponte al día con las lecturas que te hayas perdido.

¿NOTASTE ALGUNA VEZ cómo se siente la atmósfera cuando se avecina una tormenta? Empieza a soplar el viento, pero, aún hace calor. Pronto, las nubes cubren el sol, el viento cambia y se hace un poco más fuerte. Para alguien sin experiencia, estos cambios pueden no parecer significativos. Pero si ya has vivido algunos años, sabrás que se trata de una tormenta porque has visto estos cambios antes.

De manera figurativa y literal, observamos este tipo de sentimiento, en la atmósfera que rodea al profeta Elías, en 1 Reyes 18. Para probarles al malvado rey Acab y demás adoradores de ídolos, que Yahvé (nombre bíblico de Dios, a menudo anglicado como Jehová) era el Dios vivo y verdadero, en vez de Baal, entre otros, Elías había profetizado que no llovería durante tres años. En este pasaje, esos tres años se habían cumplido, y Elías y Acab estaban enfrentados. En una competencia contra los profetas de Baal, en el monte Carmelo, Dios le permitió a Elías realizar milagros e invocar fuego desde el cielo. Vemos cómo Elías consigue matar a todos los profetas de Baal. Y entonces, Elías le dijo al rey Acab, *Ve y tráete algo bueno de comer, porque escucho que viene la lluvia.*

Después de tres años de sequía, esa lluvia era el milagro que confirmaba quién era el verdadero Dios. Elías estaba seguro de ello. No se trataba de lo que sentía. Se trataba de lo que oía. Debemos siempre proteger nuestros oídos, porque es a través de ellos que la Palabra del Señor llega a nuestras vidas. Romanos 10:17 afirma, "Así que la fe llega como resultado de oír, y el oír, por la palabra de Dios" (NKJV). Y en 1 Reyes, lo que Elías oyó fue lluvia abundante.

Entonces, Acab fue a buscar algo de comer y de beber, pero Elías fue a rezar. Pienso que rezó para que Dios le manifestara en su espíritu, lo que oía con tanta fuerza. Y esa es una lección para todas nosotras. Algunas veces, Dios dejará caer algo en tu espíritu que parece imposible, pero que sientes fuertemente. No puedes explicarlo, pero sabes que hay algo en el horizonte. Por lo tanto, debemos rezar para que Dios manifieste lo que ya les ha dicho a nuestros espíritus. Talvez no puedas saber cuándo, ni cómo va a suceder, pero te animo a continuar en oración y a confiar en que la sequía está a punto de terminar, y Dios lo manifestará pronto.

PUNTOS PARA LA REFLEXIÓN

1. ¿Cuáles son las áreas de tu vida que parecen estar atravesando una sequía?

2. ¿Hay algo imposible que percibes en tu espíritu?

3. ¿Por qué es imposible? ¿Crees realmente en la capacidad y la realización de la obra de Dios?

MÁS REFLEXIONES PARA LA SEMANA

Después de rezar, Elías le pidió a su criado que vaya a mirar hacia el mar. Al regresar, el criado dijo que no había visto nada. Elías continuó enviándolo de vuelta hasta que, la séptima vez, el criado pudo ver una pequeña nube, del tamaño de la mano de un hombre, elevarse desde el mar. Elías es persistente en su fe. No permite que un informe errado, dos o seis, lo desanimen. Se atiene a la palabra de Dios, y no vacila. No siempre veremos una manifestación inmediata, pero eso no significa que Dios no vaya a cumplir con Su palabra. Debemos ser persistentes en nuestra fe, sabiendo que si Dios lo dijo, irá a cumplirse.

SEMANA 20
RECUPERARSE

LECTURAS DIARIAS

- Día 1: 2 Reyes 1-3
- Día 2: 2 Reyes 4-7
- **Día 3: 2 Reyes 8-11**
- Día 4: 2 Reyes 12-15
- Día 5: 2 Reyes 16-18
- Día 6: 2 Reyes 19-22
- Día 7: Ponte al día con las lecturas que te hayas perdido.

MUJERES DE DIOS, estoy segura de que tienen mucho por qué agradecer. Tienen muchos testimonios sobre la gracia de Dios, y sobre cómo las ha guardado y las ha provisto. Del mismo modo, estoy segura de que hubo días en los que se sintieron decepcionadas y frustradas, días en los que no había seguridad sobre el mañana. Pero Dios las sostuvo, e incluso les dio el poder de volver a levantarse. Soy una fiel testigo de ese tipo de experiencia, y le doy gracias a Dios por tener la capacidad de recuperarme. ¿Es fácil? ¡De ninguna manera! Pero es factible con la ayuda de Dios.

En 2 Reyes 8, encontramos la historia de una mujer que literalmente tuvo que abandonar todo lo que poseía. Esta mujer había sido una fiel servidora del profeta Eliseo; en el capítulo 4, ella y su marido construyeron una habitación en su casa para que el profeta tuviera un lugar donde alojarse siempre que estuviera en la ciudad. Eliseo pronunció una profesía para su vida, para recompensarla, y ella y su marido fueron bendecidos con un hijo. Al tiempo, el hijo falleció. Pero la fe de esta mujer nunca decayó. Acudió al profeta para rogarle por la vida de su hijo, la cual le fue milagrosamente devuelta.

En el capítulo 8, se preparaba para atravesar otra crisis, pero lo único que aún tenía a su favor era que su fe era sólida y constante. Eliseo le dijo que abandonara su hogar, y que buscara un lugar donde vivir en otra tierra, porque el Señor iba a provocar una hambruna que duraría siete años. Aquí tenemos a esta mujer que una vez fue muy rica. Tuvo que soportar la enfermedad de su hijo hasta su muerte. Es evidente, que había perdido a su marido, y ahora estaba a punto de perder su casa. Su fe era sólida, pero seguía atravesando dificultades. Sin embargo, y a pesar de todo, la vemos recuperarse con fuerza. Cuando regresó a la ciudad, fue a ver al rey para pedirle que le devolviera sus tierras. Recuperó todo lo que había perdido, incluso el beneficio que la tierra había producido, desde el día en que se fue, hasta el día en que regresó.

Permítanme animarlas, como lo hago conmigo. Habrá altibajos en nuestras vidas. Habrá días en los que nos sentiremos en la cima del mundo; otros, que nos preguntaremos, *¿Dónde está Dios?* No temas, mi querida hermana; Dios sigue justo ahí. Talvez no sepas cómo o cuándo, ¡pero Él te dará el poder para recuperarte!

PUNTOS PARA LA REFLEXIÓN

1. ¿Te identificas de alguna manera con la historia de la mujer de 2 Reyes? ¿Cómo?

_____
_____
_____
_____

2. ¿En algún momento, te has preguntado dónde estaba Dios? ¿Cómo lo manejaste?

_____
_____
_____
_____

3. Después de leer esta historia, ¿notas la importancia de perseverar en la fe y la obediencia? ¿Cómo te sientes en relación con tu nivel de fe? ¿Y de obediencia?

_____

_____

_____

_____

VERSÍCULO DE LA SEMANA

Y cuando el rey le preguntó a la mujer, ella le contó. Entonces el rey le ordenó a un oficial, y le dijo, "Devuélvele todo lo que era suyo, y todas las ganancias de su tierra, desde el día en que se fue hasta ahora." ▸ **2 Reyes 8:6 (NKJV)**

SEMANA 21
¿PUEDES PASAR LA PRUEBA?

LECTURAS DIARIAS

- Día 1: 2 Reyes 23-25
- **Día 2: Lucas 1-4**
- Día 3: Lucas 5-7
- Día 4: Lucas 8-11
- Día 5: Lucas 12-14
- Día 6: Lucas 15-18
- Día 7: Ponte al día con las lecturas que te hayas perdido.

LA BIBLIA RELATA QUE JESÚS fue puesto a prueba antes de comenzar su ministerio en la tierra: "Jesús, lleno del Espíritu Santo, regresó del río Jordán. El Espíritu lo llevó hasta el desierto, donde fue tentado por el diablo durante cuarenta días" (Lucas 4:1-2). Observa la primera frase, que habla de volver del Jordán llenos del Espíritu. Recuerda que acababa de ser bautizado por Juan el Bautista. Una paloma descendió sobre Él, y Dios mismo habló y dijo, "Tú eres mi Hijo amado; contigo estoy satisfecho" (Lucas 3: 22, NKJV). Apenas Jesús recibió esta confirmación de lo alto, fue enviado al desierto para ponerlo a prueba.

En el desierto, Satanás citó las escrituras fuera de contexto, para hacer que Jesús fuera en contra de la voluntad de Dios. Se acercó a Jesús en un momento en que Su espíritu era fuerte, pero Su cuerpo era débil. Tenía hambre, así que Satanás trató de apelar a Su carne. Satanás hace lo mismo con nosotras. Se acerca en tiempos de bendición y de sequía. Viene tanto por los fuertes, como por los débiles. No le importa si estás enferma, sobrecargada de trabajo o lidiando con presiones en tu casa. Utilizará todas las circunstancias para llevar a cabo su plan.

Cuanto más alto lleguemos, mayor será la prueba. Te pondrán a prueba como nunca antes. La prueba podría llegar a tu matrimonio, cuando tu marido ha sido despedido de su trabajo y tú eres la única responsenable por pagar las cuentas. La prueba puede llegar a tu cuerpo, cuando el médico te diga que tienes cáncer. Pero la buena noticia es que no estamos solas en esto.

Una forma de estar seguras de ello es la afirmación de que la Palabra de Dios está en nosotras. Así es como Jesús pasó su prueba. Cada vez que Satanás tentaba a Jesús, éste le respondía con la Palabra. Dijo, "Está escrito: no sólo de pan vivirá el hombre, sino de toda palabra que sale de la boca de Dios" (Mateo 4:4, NVI). Según Efesios 6:17, la Palabra es nuestra armadura y nuestra arma. Hebreos 4:12 afirma que la Palabra "es viva y poderosa, y más aguda que cualquier espada de dos filos" (NKJV). Jesús la utilizó para derrotar a Satanás, y debemos ser capaces de hacer lo mismo. La Palabra de Dios es la herramienta más necesaria para superar las pruebas de la vida. Si funcionó para Jesús, podrá funcionar para nosotras.

PUNTOS PARA LA REFLEXIÓN

1. ¿Con qué pruebas te has topado últimamente?
   _____
   _____
   _____

2. ¿Fallaste o aprobaste? ¿Cómo lo hiciste?
   _____
   _____
   _____

3. ¿Qué consejo le daría a alguien que atraviesa una prueba?
   _____
   _____
   _____

ACCIONES DE LA SEMANA

1. Esta semana, con la convicción de que la Palabra de Dios es tu única arma, comprométete a aprender y a memorizar un nuevo versículo cada día.

2. Por cada versículo que aprendas, trata de pensar en una forma en que ese versículo pueda aplicarse a tus actividades y desafíos diarios.

SEMANA 22
QUÉDATE TRANQUILA

LECTURAS DIARIAS

Día 1: Lucas 19-21

Día 2: Lucas 22-24

Día 3: Salmos 42-47

Día 4: Salmos 48-54

Día 5: Salmos 55-61

Día 6: Salmos 62-67

Día 7: Ponte al día con las lecturas que te hayas perdido.

EL SALMO 46 ES UNA CANCIÓN para los descendientes de Coré. Es una canción que cantaban mientras se daban ánimo unos a otros a seguir confiando en Dios, incluso, en tiempos difíciles. Este salmo tiene la intención de infundir el ánimo en nosotras para tener esperanza y confianza en Dios todopoderoso, y recordarnos quién es Él.

En el Salmo 46:1-9 (GNT), el salmista dice:

Dios es nuestro refugio y nuestra fortaleza, siempre dispuesto a ayudar en tiempos difíciles. Por eso, no temeremos, aunque se desmorone la tierra y las montañas se hundan en las profundidades del océano... El Señor Todopoderoso está con nosotros; el Dios de Jacob es nuestro refugio. Vengan y vean las hazañas del Señor. Miren las maravillas que ha hecho en la tierra. Termina con las guerras alrededor del mundo; rompe arcos, destruye lanzas y prende fuego a los escudos.

En otras palabras, lo que dice el salmista es: *¿Acaso no saben quién es nuestro Dios? ¡Es un Dios capaz de todo, y de controlar todo!* Por eso, porque Dios lo tiene todo bajo control, el salmista dice: "Estén tranquilos y confíen" (versículo 10, NVI). Quédate tranquila y confía en el Dios que tienes a tu lado, luchando por ti y velando por ti. Sólo quédate tranquila. Pero, en este sentido, estar tranquila no significa estar inactiva o ser complaciente. Significa esperar con la seguridad de saber que Dios está haciendo las cosas para tu bien. Significa que, mientras esperas, confías en que Dios está entre bastidores trabajando en tu favor.

A veces, es difícil quedarse tranquila y esperar por Dios, cuando realmente necesitas que Él actúe. Puede resultar difícil cuando tu familia atraviesa problemas financieros, o cuando tus hijos se dirigen por un mal camino hacia la destrucción. En esos momentos críticos, quedarse tranquilas, no tiene sentido para nosotras. Es probable que queramos manejar la situación o encontrar una solución al problema. Pero cuando Dios no actúa ni se expresa, cuando parece que tarda una eternidad en resolver la situación, talvez se trate de una señal para que te quedes tranquila. Sé que es difícil, pero a veces Dios quiere edificar tu fe y desarrollar tu testimonio. Sea cual fuere la razón, debemos aprender a confiar en Su plan y, simplemente, estar tranquilas.

PUNTOS PARA LA REFLEXIÓN

1. ¿Cuántas veces has actuado esta semana, cuando deberías haber estado tranquila? Por ejemplo, ¿discutiste con tu esposo, cuando podrías haber mantenido la paz? ¿Te expresaste en nombre de tu hija, en vez de dejar que aprenda a hacerlo por sí misma?

   _____
   _____

2. ¿En qué ámbitos de tu vida te resulta más difícil estar tranquila?

   _____
   _____
   _____

3. En el futuro, ¿qué harás para estar tranquila y confiar en Dios?

   _____
   _____
   _____

VERSÍCULO DE LA SEMANA

Estén tranquilos, y sepan que yo soy Dios; seré exaltado entre las naciones, seré enaltecido en la tierra. ▸ **Salmo 46:10 (NVI)**

SEMANA 23
SU CAMINO ES EL CAMINO CORRECTO

LECTURAS DIARIAS

- Día 1: 1 Crónicas 1-4
- Día 2: 1 Crónicas 5-8
- Día 3: 1 Crónicas 9-12
- **Día 4: 1 Crónicas 13-16**
- Día 5: 1 Crónicas 17-19
- Día 6: 1 Crónicas 20-22
- Día 7: Ponte al día con las lecturas que te hayas perdido.

MUCHAS DE NOSOTRAS PODEMOS ADMITIR que, aunque *es nuestro deseo* hacer las cosas a la manera de Dios, no siempre lo conseguimos. Creemos saber qué es lo mejor. Tomamos decisiones sobre la base de cómo nos sentimos, en lugar de buscar la presencia de Dios para obtener claridad y dirección. Todas hemos sido culpables de ello. Pero la próxima vez, debemos hacer las cosas a la manera de Dios.

Durante la semana 17, cuando leímos el libro de 2 Samuel, vimos cómo David aprendía, por las malas, a confiar en Dios. Ahora, volvamos a esa historia tal como se cuenta en el libro de 1 Crónicas. El pueblo de Israel recuperó el Arca del Señor de la posesión de los filisteos, y la guardó en la casa de Abinadab. David quiso llevarla de vuelta a Jerusalén, pero lo hizo de la manera equivocada y, como consecuencia, Uzá falleció. El Arca se mantuvo en la casa de Obed-Edom, pero aún debía volver a Jerusalén. Pero esta vez, David lo quiere hacer bien. Confiesa que él y sus hombres fallaron, por no consultar a Dios cómo manipular Su presencia, lo que les hizo perderla.

¿Cuántas veces fallamos en recordar la palabra de Dios, acerca de cómo debemos manejar una sitación determinada? ¿Cuántas veces fallamos en recordar cómo Dios nos dijo que deberíamos tratar a nuestros enemigos? ¿Cuántas veces fallamos y no Le preguntamos cómo deberíamos tomar decisiones? En innumerables ocasiones, no nos han dado el permiso para actuar según nuestras ideas y, por seguir el camino que nos parecía correcto, cometimos errores que podían evitarse.

En cambio, en 1 Crónicas 15:26, cuando David y los ancianos de Israel llevaron el Arca de la casa de Obed-Edom, la Biblia dice que Dios *ayudó* a los levitas a transportarla. Puedes ver cómo la primera vez se equivocaron porque no confiaron en Dios. Pero esta vez, lo hicieron a la manera de Dios, y Él les dio la fuerza necesaria para llevar a cabo la tarea que les había asignado.

Debemos tener siempre presente que sólo hay que confiar en la ayuda de Dios. Algunas cosas parecen imposibles. Algunos obstáculos parecen demasiado difíciles de superar. Pero cuando lo hacemos de acuerdo con Dios, Él nos da la fortaleza necesaria para vencer y conquistar lo que parece demasiado grande para que lo logremos. A veces, nos olvidamos de que nada es muy difícil para Dios. A veces, nos olvidamos de dónde viene la ayuda. Hacer las cosas a la manera de Dios significa confiar en Su plan, y descansar en Su poder, para que su ayuda se haga presente.

PUNTOS PARA LA REFLEXIÓN

1. ¿Qué decisiones o acciones has tenido que modificar para que se hicieran a la manera de Dios?

2. Incluso a sabiendas de que el camino de Dios era el correcto, ¿qué tan difícil te resultó hacer el ajuste?

3. En un futuro próximo, ¿qué cambios harás para alinearte con los caminos de Dios?

ESTA ES MI ORACIÓN

Querido Dios:
Por favor, conduce, guía y dirige mi camino. Confieso que no siempre he hecho las cosas a Tu manera, pero hoy confieso mis pecados, y Te doy gracias por Tu perdón. Gracias por la oportunidad de hacerlo de la manera correcta. Gracias por la ayuda y la fortaleza que me das, para vivir la vida a Tu manera. En el nombre de Jesús, amén.

SEMANA 24
ES LA HORA DE REZAR

LECTURAS DIARIAS

Día 1: 1 Crónicas 23-26

Día 2: 1 Crónicas 27-29

Día 3: 2 Crónicas 1-3

Día 4: 2 Crónicas 4-7

Día 5: 2 Crónicas 8-10

Día 6: 2 Crónicas 11-13

Día 7: Ponte al día con las lecturas que te hayas perdido.

VIVIMOS ÉPOCAS turbulentas. De hecho, podemos observar el mundo y quejarnos de lo mal que está todo. Podemos culpar a nuestros gobernantes por la decadencia de la sociedad o lamentarnos con un "¡Ay de mí!" por todo lo que funciona mal en nuestras comunidades. Sin embargo, las Escrituras dejan muy claro que no importa lo que suceda a lo largo del país porque el pueblo de Dios tiene la capacidad, la autoridad y la responsabilidad de cambiar las cosas a través del poder de la oración.

En 2 Crónicas 7, Dios responde a las oraciones de Salomón y de los hijos de Israel. Acababan de construir el templo de Jerusalén y todo parecía ir bien. Sin embargo, Salomón conocía el temperamento de su gente, por lo que rezó y le pidió a Dios que tuviera misericordia de su pueblo, cuando se desviaran del camino y vivieran en el error. Le preguntó a Dios qué deberían hacer cuando los tiempos se pusieran difíciles, y la peste y el hambre azotaran el país.

Dios tardó un poco en responder, pero Salomón continuó rezando. Cuando creemos que Dios debería responder y no lo ha hecho, tendemos a dejar de rezar. Pero no es el momento de desistir, sino que es el momento de rezar aún más. Y Salomón lo hizo. Rezó durante siete días y ofreció sacrificios a Dios en el altar. Al octavo día, envió a la gente a casa.

Aquella misma noche, Dios habló por fin con Salomón y le dijo: "He escuchado tus plegarias y he elegido este lugar como mi casa de sacrificios (2 Crónicas 7:12, ESV). Le dijo, además, que si había sequía o les enviaba langostas a devorar los cultivos, todo lo que la gente debería hacer era rezar. En el versículo 14, Dios afirma: "Si mi pueblo, que lleva mi nombre, se vuelve humilde, reza, busca mi presencia y se aleja de los malos caminos, yo lo escucharé desde el cielo, perdonaré sus pecados y sanaré su tierra" (ESV). Dijo que lo haría por ellos porque eran *Su* pueblo. Los había elegido como Suyos. Sabía lo que había en sus corazones, velaría por ellos y escucharía su clamor. Sin importar a qué se enfrentaran, Dios estaría allí, listo para ayudar.

Hoy, esa misma promesa sigue vigente para nuestras vidas, pero debemos hacer nuestra parte. Debemos rezar, volvernos humildes, buscar Su presencia y alejarnos de los malos caminos. Este pasaje, en 2 Crónicas, nos muestra que Dios repara lo que ha sido destruido, luego de cumplir con nuestra parte. Cuando lo hacemos, entonces, tenemos que confiar en que Él cumplirá Su Palabra con respecto a nuestras vidas. Sin duda, es la hora de rezar.

PUNTOS PARA LA REFLEXIÓN

1. Sabiendo que somos responsables por la respuesta a nuestras oraciones, ¿qué parte te resulta más difícil?

2. Se nos ha dicho que recemos, que vivamos con humildad y que nos apartemos de los malos caminos. ¿Hay algo de esto que hayas dejado de hacer?

3. De ahora en adelante, ¿cuál de estos mandatos te esforzarás por mejorar?

ACCIONES DE LA SEMANA

1. Esta semana, ponle intención a tus momentos de oración.
2. Haz una lista de aquellas cosas por las que buscas a Dios. Incluye temas relacionados con la familia, el trabajo, las finanzas y, lo más importante, lo que te ayude a crecer espiritualmente.

SEMANA 25
EL PODER ESTÁ EN TUS MANOS

LECTURAS DIARIAS

Día 1: Proverbios 18-21

Día 2: Proverbios 22-24

Día 3: Proverbios 25-27

Día 4: Proverbios 28-31

Día 5: 2 Crónicas 14-16

Día 6: 2 Crónicas 17-19

Día 7: Ponte al día con las lecturas que te hayas perdido.

PROVERBIOS 18:21 DECLARA: "En la lengua hay poder de vida y muerte" (ESV). En la versión de El Mensaje de la Biblia se traduce como: "Las palabras matan, las palabras dan vida; son veneno o fruta, tú eliges". En otras palabras, dirás bendiciones o maldiciones. Esperanza o duda. Victoria o derrota. Abundancia o carencia. Las palabras te darán la dirección hacia dónde y hasta dónde irás. Podrán determinar lo fácil o lo difícil que será tu camino. ¿Qué clase de palabras dirás? ¿Serán quejas o serán palabras de aliento? ¿Serán negativas o serán positivas?

Como vivimos en un mundo lleno de negatividad, es difícil mantenerse positiva. Te sorprenderían las cosas negativas que decimos sin querer: "Los niños me están volviendo loca", "jamás voy a conseguir ese ascenso" o "a esta edad, probablemente, nunca me case". Nos acostumbramos a lo que vemos y oímos y, sin pensarlo, repetimos todo lo que hemos asimilado. Solo debemos ser cuidadosos con las palabras que salen de nuestra boca. Debemos cambiar las palabras dañinas por las útiles como: "yo puedo", "yo lo haré", "yo soy".

Sin embargo, para que nuestro vocabulario cambie, tiene que cambiar nuestra mentalidad. Filipenses 2:5 afirma: "La actitud de ustedes debe ser como la de Cristo Jesús" (NVI), y no hubo nada malo en Jesús. Si somos seguidoras de Jesucristo, se supone que debemos seguir su ejemplo.

Este es un proceso de aprendizaje para todas nosotras; y debemos darle vuelta el marcador al enemigo y cambiar nuestro vocabulario. No caigas en la trampa de Satanás de decir, constantemente, palabras de miedo y duda. A pesar de que tus circunstancias parezcan imposibles de resolver, sigue usando la Palabra de Dios con fe. Que tus palabras no se basen en tus sentimientos, sino en lo que Dios ha dicho. A partir de hoy, comienza a hablar de vida y no de muerte.

Todas pasamos por experiencias que nos hacen sentir miedo y duda. Pero debes cambiar tus palabras, porque lo que decimos determina lo que pensamos, y lo que pensamos determina lo que hacemos. Como nos recuerda Proverbios, las palabras tienen realmente mucho poder, por eso, debemos tener cuidado al utilizarlas.

PUNTOS PARA LA REFLEXIÓN

1. ¿Cuáles son las palabras o frases negativas que usamos a diario?
   _____
   _____

2. ¿Qué palabras o frases útiles debemos incorporar a nuestras conversaciones cotidianas?
   _____
   _____

3. ¿En qué ámbito de la vida cambiarás tus palabras con la intención de cambiar el curso de la situación?
   _____
   _____

VERSÍCULO DE LA SEMANA

Las palabras satisfacen la mente, tanto como la fruta al estómago; hablar bien es tan gratificante como una buena cosecha.

Las palabras matan, las palabras dan vida; son veneno o fruta, tú eliges. ▸ Proverbios 18:20–21 (MSG)

SEMANA 26
JUNTOS SOMOS MEJORES

LECTURAS DIARIAS

Día 1: 2 Crónicas 20-24

Día 2: 2 Crónicas 25-28

Día 3: 2 Crónicas 29-32

Día 4: 2 Crónicas 33-36

Día 5: Salmos 68-72

Día 6: Salmos 73-78

Día 7: Ponte al día con las lecturas que te hayas perdido.

DIOS NO QUIERE QUE estemos divididos. Hay demasiadas divisiones en nuestras familias e iglesias. No es la voluntad de Dios que nos enfrentemos entre nosotros. En Levítico 26:8, nos dice: "Cinco de ustedes perseguirán a cien, y cien de ustedes perseguirán a diez mil, y ante ustedes sus enemigos caerán a filo de espada" (NVI). Pero, para ello, debemos estar de acuerdo y trabajar juntos. En vez de luchar unos contra otros, es hora de unir fuerzas contra el enemigo de nuestras almas. Obtenemos los mejores resultados cuando lo hacemos juntos.

En 2 Crónicas 20, el rey Josafat recibió la noticia de que el reino de Judá estaba a punto de ser invadido por "una gran multitud" (versículo 2, NVI) de ejércitos, de tres naciones diferentes. Es habitual que nos sucedan cosas en todos los ámbitos de nuestra vida, y no siempre sabemos cómo manejarlas. Esto sucedía con el reino de Judá y no sabían qué hacer. Podrían haberse derrumbado bajo la presión y comenzado a reñir unos contra otros, pero tenían el suficiente juicio como para saber a quién recurrir. El rey Josafat ayunó y comenzó a orar en busca del Señor y en el nombre de su nación. Y, tan pronto como terminó de rezar, recibió un mensaje a través del profeta Jahaziel: el Señor dijo que no iban a tener que pelear en esa batalla, porque no les pertenecía a ellos, sino a Él.

Nada le da más gloria a Dios que vernos realizar Su plan en equipo. No estamos hechas para a ser soldados solitarios. No lo olvides, somos muchos miembros, pero formamos un solo cuerpo. Hace falta que trabajemos todas juntas para que algunas cosas sucedan. Podrías hacerlo tú misma, pero juntas lo hacemos mejor. Las posibilidades son ilimitadas cuando se trata de lo que Dios puede hacer a través de nuestro trabajo en equipo.

PUNTOS PARA LA REFLEXIÓN

1. ¿Qué batallas estás librando ahora que, probablemente, le pertenezcan al Señor?

   _____
   _____

2. Intenta recordar: ¿es posible que hayas perdido algunas batallas por negarte a unir fuerzas con otras personas?

   _____
   _____

3. A partir de ahora, ¿hay alguien con quien puedas trabajar en equipo, y con quien te puedas contactar para lograr un objetivo en común?

   _____
   _____

MÁS REFLEXIONES PARA LA SEMANA

Después de recibir la Palabra del Señor, el rey Josafat nombró cantantes para que fueran delante del ejército alabando a Dios. Cuando empezaron a cantar, Dios hizo que los ejércitos que estaban contra Josafat pelearan entre sí. Cuando el ejército de Judá llegó al campo de batalla, no tuvo que luchar, porque todos sus enemigos ya estaban muertos. Tardaron tres días en recoger todo el botín (bienes, ropa, etc.) porque era más de lo que podían cargar.

SEMANA 27
UN PEDIDO PARA UN MOMENTO COMO ESTE

LECTURAS DIARIAS

- Día 1: Ester 1-3
- **Día 2: Ester 4-6**
- Día 3: Ester 7-10
- Día 4: Salmos 79-84
- Día 5: Salmos 85-89
- Día 6: Salmos 90-96
- Día 7: Ponte al día con las lecturas que te hayas perdido.

EL LIBRO DE ESTER cuenta la historia de una muchacha judía que recibió una llamada divina para acudir al rey Jerjes de Persia e interceder en nombre de todo un pueblo. Los judíos estaban en el exilio y, luego de que el rey expulsara a su anterior esposa por desobediencia, Ester se convirtió en reina mediante un concurso de belleza en todo el reino y con ayuda del Señor. Pero su primo y figura paterna, Mardoqueo, se había enemistado con el consejero del rey, Amán, porque Mardoqueo se negaba a inclinarse ante él (o ante cualquiera que no fuese Dios). Así que Amán engañó al rey para que decretara la muerte de todos los judíos. Mardoqueo le avisó a Ester que todo su pueblo dependía de ella, pero se mostró reacia a interceder ante su marido, el rey, que no sabía que ella era judía. La ley decía que serías condenado a muerte si te presentartabas ante el rey cuando no solicitaba tu presencia. Pero en Ester 4:14, Mardoqueo le preguntó: "¿Quién sabe si no fuiste nombrada reina, precisamente, para un momento como este?". El resto, como verás esta semana, ya es historia.

Hermana mía, debes saber que tú también fuiste llamada para un momento como este. Debes estar segura de que todas las cosas por las que has pasado te han preparado para el presente. Cada batalla que enfrentaste y cada lágrima derramada han formado parte de tu proceso. Al igual que un soldado debe pasar por un entrenamiento antes de ir a la guerra, tú has pasado por diversas pruebas que te prepararon para este momento de tu vida.

Tal vez fuiste llamada para mediar ante tu familia, porque tienes experiencia en buscar al Señor. O fuiste llamada para interceder por tu barrio, tu ciudad o tu provincia, porque tienes un sincero deseo de que la paz y la unidad sean la fuerza motriz en el mundo. Tal vez te llamen a rezar por el sistema escolar de tu región, porque has rezado fervientemente por los niños a lo largo de los años. En un momento de tanta negatividad, te convocan para lograr que la positividad vuelva a ser popular. En una época en la que hay tanta maldad y odio, has sido convocada para mostrar amor. Te han convocado para ayudar a restaurar la fe en la humanidad. Te han convocado para ser una influencia y un ejemplo de bondad en el mundo. Cada crisis de tu vida te ha preparado para este momento.

PUNTOS PARA LA REFLEXIÓN

1. ¿Cuál crees que sea tu misión en el mundo?
　
　

2. ¿Alguna vez te sentiste renuente a hacer algo que sabías que habías sido llamada para hacer? ¿Por qué?
　
　

3. Si te asignaran la tarea de rezar por tu barrio, ¿qué sería lo primero de tu lista?
　
　

MÁS REFLEXIONES PARA LA SEMANA

¿Cómo triunfó, en realidad, la reina Ester? En Ester 7, invitó al rey Jerjes y a Amán a una cena en la que el rey dijo que le daría a Ester todo lo que quisiera, incluso la mitad del reino. Entonces, Ester le suplicó que perdonara su vida y la de su pueblo. Por supuesto, el rey se puso furioso y quiso saber quién se atrevería a hacerle daño. Ester culpó a Amán, y el rey lo hizo colgar en el mismo poste que Amán había colocado para Mardoqueo. Amán experimentó las consecuencias de sus propias intenciones destructivas. Esto demuestra que "cada uno cosecha lo que siembra" (Gálatas 6:7, NVI).

SEMANA 28
NO PIERDAS LA FE

LECTURAS DIARIAS

Día 1: Job 1-3

Día 2: Job 4-7

Día 3: Job 8-11

Día 4: Job 12-14

Día 5: Job 15-17

Día 6: Job 18-21

Día 7: Ponte al día con las lecturas que te hayas perdido.

EL LIBRO DE JOB relata la historia de un hombre que amaba a Dios y odiaba el mal. Tuvo una vida exitosa. Tuvo siete hijos y tres hijas. Él y sus hijos tenían propiedades, poseían abundante ganado y eran muy respetados en toda la comunidad. Un día, hubo una conversación en los cielos entre Dios y Satanás. Satanás creyó que podía hacer que las personas le dieran la espalda a Dios, aunque fueran justos. Y Dios le preguntó: "¿Has tenido en cuenta a mi siervo Job?" (Job 1:8, NVI), y Satanás hizo eso. Atacó todo lo que le pertenecía a Job: perdió su casa, sus posesiones, sus hijos y su salud, pero no perdió su fe en Dios. Job tuvo que enfrentar el reto definitivo de aferrarse a su integridad como hombre justo, a pesar de encontrarse en el peor momento de su vida.

Cuando Job se sentó sobre las cenizas, para rascarse los forúnculos de su cuerpo con un trozo de cerámica rota, su mujer le dijo: "¿Todavía mantienes firme tu integridad? ¡Maldice a Dios y muérete!" (Job 2:9). Ahora bien, antes de despreciarla por hacer esta afirmación, debemos recordar que Job no era el único que sufría. Su mujer sufría a su manera. Estaba casada con él. Todo lo que él perdió, ella también lo perdió. Los diez hijos que murieron, también eran suyos. Era su casa la que quedó destruida. Ahora veía a su esposo sufrir; su cuerpo se deterioraba ante sus ojos. También hay que recordar que las mujeres no tenían riquezas propias en aquella época. Todo lo que ella tenía estaba ligado a este hombre. Tan solo deseaba que todo terminara, así que le dijo que maldijera a Dios para salir de esa miseria.

Como mujer, yo puedo simpatizar con la esposa de Job. No soy quién para decir que, en su lugar, yo no hubiera actuado igual. Cuando hay una pérdida personal, las emociones pueden sacar lo mejor de nosotras (independientemente del género). Sin embargo, déjenme animarlas para que, en los tiempos difíciles, hagan todo lo posible por mantener el objetivo. Aprendamos de Job. Dijera lo que dijese su mujer, dijeran lo que dijesen sus amigos, perdiera lo que perdiese, o se sintiera como se sintiese, estaba determinado a mantener su integridad y su compromiso con Dios.

Presten atención, mujeres, porque debemos mantenernos firmes, pase lo que pase en casa o en nuestros trabajos, tenemos que mantener la postura. Nuestras familias, nuestros hijos y cónyuges esperan que nos mantengamos enfocadas. El diablo es astuto. Atacará tu matrimonio, tus hijos, tu riqueza y tu cuerpo, para hacerte renunciar a la vida o a Dios. Pero debes estar convencida de persistir en tu compromiso con Dios, confiada en que Él todavía tiene un plan para tu vida. Sea cual fuere la prueba, mantén tu integridad.

PUNTOS PARA LA REFLEXIÓN

1. Los ataques se producen de muchas formas. ¿Puedes pensar en lo que te haría siquiera *imaginar* la posibilidad de darle la espalda a Dios?

2. ¿Hubo un momento en tu vida en el que quisiste darte por vencida? ¿Cómo lo manejaste?

3. Si fueras la esposa de Job, ¿cómo lo habrías animado?

_____
_____
_____
_____

VERSÍCULO DE LA SEMANA

Job, sentado sobre las cenizas, se rascó la piel con un trozo de teja. Su esposa le reprochó: "¿Todavía mantienes firme tu integridad? ¡Maldice a Dios y muérete!"

Pero Job le respondió: "Mujer, hablas como una necia. Si de Dios sabemos recibir lo bueno, ¿no sabremos recibir también lo malo? A pesar de todo esto, Job no pecó ni de palabra". ▶ Job 2:8–10

SEMANA 29
LO DEBES SABER

LECTURAS DIARIAS

Día 1: Job 22-24

Día 2: Job 25-28

Día 3: Job 29-31

Día 4: Job 32-35

Día 5: Job 36-39

Día 6: Job 40-42

Día 7: Ponte al día con las lecturas que te hayas perdido.

LA SEMANA PASADA, iniciamos un debate sobre la vida de Job. En los capítulos 1 y 2, leímos acerca de sus pruebas. Durante su momento de sufrimiento, experimentó el silencio de Dios. Desde el capítulo 2 hasta el 37, Dios no le habló. A lo largo de esos capítulos, recibió críticas de los amigos con los que creía que podía contar, porque pensaban que Job había hecho algo malo para merecer todo eso. A veces, a lo largo de esos capítulos, Job deseaba estar muerto. Pero soportó la transición hasta que, finalmente, Dios se dirigió a él; le demostró Su poder, al narrarle la Creación, y le recordó quién es Él y lo que Job no sabía de Él.

En el último capítulo del libro, Job cambió de opinión sobre algunas cosas. Debido a las experiencias que había tenido y a las palabras de Dios, Job comprendió que era el momento de sincerarse con Él. En aquel momento, ya llevaba un tiempo sufriendo y quería asegurarse de que su vida estuviese realmente alineada con Dios. Necesitaba desesperadamente que su vida cambiara, así que tomó la decisión de arrepentirse. Ya no se limitaría a compadecerse de sí mismo o a enfadarse por su situación. Ahora, ocuparía una posición de humildad y arrepentimiento.

En Job 42:5-6, Job dijo: "Antes solo había oído hablar de ti, pero ahora te he visto con mis propios ojos. Retiro todo lo dicho y me siento sobre polvo y cenizas para mostrar mi arrepentimiento". Job hizo suposiciones y dijo cosas que no debía. En varias ocasiones, deseó no haber nacido e, incluso, llegó a querer llevar a Dios a los tribunales para defender su caso. Sin embargo, tuvo que arrepentirse porque se dio cuenta de que permitió que otros afectaran sus creencias sobre Dios y su respuesta hacia Él. Simplemente estaba diciendo: *"no sabía lo soberano que eres, pero ahora lo sé. No sabía, realmente, que eras un guardián a pesar de las dificultades, pero ahora lo sé. De veras, no sabía que Tú podías bendecirme, a pesar de mis circunstancias, pero ahora lo sé"*.

No podemos dejar que nuestras vidas se rijan por lo que digan los demás. Simplemente, debemos saber quién tiene el control de nuestras vidas. Tenemos que saber que la Palabra de Dios sigue siendo verdadera. Su Palabra jamás es una promesa vacía. No importa si lo dijo hace diez años; Dios cumplirá con su palabra. Y tienes que saber que Dios está entre bastidores ahora mismo, preparando lo que tiene guardado para ti, incluso, si lo has perdido todo, como Job. Puede que no tenga mucho sentido, pero lo debes saber.

PUNTOS PARA LA REFLEXIÓN

1. Después de las pruebas, Job pasó por un tiempo de silencio. ¿Alguna vez sentiste el silencio de Dios? ¿Cómo lo manejaste?

2. Las dificultades suelen nublar nuestros pensamientos. ¿Alguna vez confiaste en lo que *otros* tenían para decir, en vez de confiar en lo que Dios había dicho?

3. ¿Qué sabes sobre Dios que nadie podría hacerte cambiar de opinión?

MÁS REFLEXIONES PARA LA SEMANA

Luego de todo el sufrimiento de Job, quedó claro que Dios aún tenía un plan para su prosperidad. Cuando Job se arrepintió, Dios lo recompensó y le dio el doble de lo que tuvo antes. De hecho, "el Señor bendijo más los últimos años de Job que los primeros" (Job 42:12). Job vivió 140 años después de su recuperación. Dios lo bendijo con ver cuatro generaciones de hijos y nietos. Murió luego de haber vivido una vida larga y plena.

SEMANA 30
SU DESTINO, SU PROPÓSITO

LECTURAS DIARIAS

Día 1: Juan 1-4

Día 2: Juan 5-8

Día 3: Juan 9-11

Día 4: Juan 12-15

Día 5: Juan 16-18

Día 6: Juan 19-21

Día 7: Ponte al día con las lecturas que te hayas perdido.

EN JUAN 12:1–11, se cuenta la historia de una mujer que se convirtió en un ejemplo a seguir. Jesús estaba sentado en la casa de Simón, el leproso. Estaban allí sus discípulos y tres hermanos: María, Marta y Lázaro. El texto cuenta que María hizo algo que conmovió el corazón de Jesús y que, en última instancia, cambió el resto de su vida. Ella no perdió el tiempo hablando, pidiendo permiso o disculpándose por sus actos. Se propuso, desde su corazón, consagrar a Jesús. No participaba de la reunión solo para socializar. Estaba decidida a lavarle los pies al Mesías con un perfume valioso, y secárselos con sus cabellos. Ella tuvo una visión clara de Su destino. Comprendió que Jesús pronto sería crucificado como un criminal común, y se responsabilizó de ungirlo porque no había nada común o criminal en Él. Ese preciso día, el destino de Jesús y el propósito de María se encontraron. No importaba que fuera mujer. Ella fue puesta en ese lugar sagrado, en ese momento, para ese propósito.

¿Conoces tu propósito? Si queremos impactar en la vida de los demás, tenemos que saber qué es lo que se nos ha encomendado hacer. Así como Dios creó el sol para que brillara de día, y la luna para que brillara de noche, nos ha creado a cada una de nosotras con un propósito específico. Más allá de nuestro pasado o del barrio en el que crecimos, fuimos creadas para cumplir una misión que solo nosotras podemos completar. La vida cobra mucho más sentido cuando la vivimos de acuerdo con nuestro propósito. Así que, sea cual fuere tu propósito, solo hazlo.

Si sabes que tu propósito es enseñar y ayudar a los demás a aprender más sobre Cristo, hazlo. Si tu propósito es crear una empresa para ayudar con las necesidades de las personas con bajos recursos, hazlo. Si tu propósito es evangelizar y guiar a otros a Cristo, hazlo. Si tu propósito es cantar alabanzas a Dios, hazlo. No fuiste creada para no hacer nada. Fuiste creada para impactar el Reino de Dios y, si eres parte del Reino, fuiste creada para ser la cabeza y no la cola. Fuiste creada para ser una líder en la sociedad, en la comunidad y en la iglesia. Si piensas cambiar la vida de los que te rodean, tienes que tener confianza en ti misma y seguir tu objetivo.

PUNTOS PARA LA REFLEXIÓN

1. ¿Sabes cuál es tu propósito?

   _____

   _____

2. ¿Hay algo que te impidió cumplir ese propósito? Si es así, ¿qué fue?

   _____

   _____

3. ¿Tu propósito funciona en conjunción con el de otra persona? ¿Quién y cuál?

   _____

   _____

ACCIONES DE LA SEMANA

1. Busca en tu corazón y determina para qué fuiste creada.
2. Elabora un plan y comienza a poner en práctica una parte de ese plan.
3. Si tu propósito funciona en conjunción con otros, programa una llamada o una reunión esta semana para charlar sobre un proceso posible.
4. Planifica cómo empezarás a cumplir tu propósito en el transcurso de los próximos 30 días.

SEMANA 31
A SU TIEMPO

LECTURAS DIARIAS

Día 1: Eclesiastés 1-4

Día 2: Eclesiastés 5-8

Día 3: Eclesiastés 9-12

Día 4: Salmos 97-100

Día 5: Salmos 101-103

Día 6: Salmos 104-106

Día 7: Ponte al día con las lecturas que te hayas perdido.

EL LIBRO DE ECLESIASTÉS se compone de escritos poéticos del rey Salomón. Comienza diciendo que hay un tiempo justo para todo lo que sucede bajo el sol. En Eclesiastés 3:2-8, cada versículo señala una actividad característica de la vida acompañada de su opuesto. Con la misma seguridad con la que ocurre algo bueno, también puede ocurrir y ocurrirá algo malo. Tan cierto como que llega el día, la noche también llegará. Tan cierto como que llega el verano, pronto verás que llega el invierno. Así lo ha dispuesto Dios. Del mismo modo, nadie quiere sufrir o pasar necesidad, pero, , lamentablemente, sucederá. No obstante, la buena noticia es que no durará mucho. Como dice 1 Pedro 1:6: "Esto es motivo de gran alegría para ustedes, a pesar de que hasta ahora han tenido que sufrir diversas pruebas por un tiempo" (NVI). ¿Pero, adivina qué? Es solo por un tiempo.

Así que, mientras esperamos nuestro tiempo de gracia y bendición, tenemos que tener en cuenta que, pase lo que pase, está en los planes de Dios. Él lo ha permitido todo con un propósito. Debemos aprender a aceptar la agenda de Dios y a confiar en que Él sabe exactamente lo que está haciendo. Eclesiastés 3:9-11 dice: "¿Qué provecho obtiene el trabajador de tanto afanarse? He visto la tarea que Dios ha impuesto al género humano para abrumarlo con ella. Dios hizo todo hermoso en su tiempo. Luego, puso en la mente humana la noción de eternidad, aún cuando el hombre no alcanza a comprender la obra que Dios realiza de principio a fin". La verdad es que nunca seremos capaces de entender la mente de Dios. Él es infinito en Su sabiduría, y nuestras mentes nunca podrían comprender Su método. No tenemos idea de lo que Dios hará, ni de cómo lo hará. Solo tenemos que confiar en Sus tiempos y en Su plan.

Si logras superar un ciclo, aceptarás el siguiente con brazos abiertos. Si puedes superar un ciclo de carencias, Dios te dará uno de abundancia. Si puedes superar un ciclo de enfermedades, Dios te traerá otro de buena salud. Si puedes superar un ciclo de silencios, Dios te dará revelación. Pero tienes que confiar en Dios durante esos ciclos. No te desanimes y, principalmente, no desesperes.

Recordemos lo que escribió Pablo en Gálatas 6:9: "No nos cansemos de hacer el bien, porque, a su debido tiempo, cosecharemos si no nos damos por vencidos" (NVI). No importa cuál sea el ciclo en el que te encuentres, supéralo, para poder llegar al debido.

PUNTOS PARA LA REFLEXIÓN

1. Al comprender que hay varios ciclos en la vida, ¿qué es lo más difícil de aceptar de los momentos difíciles?
   _____
   _____
   _____
   _____

2. ¿Cómo manejaste los ciclos difíciles en el pasado?
   _____
   _____
   _____
   _____

3. En el futuro, ¿qué harás de forma diferente cuando empiecen a cambiar los ciclos?
   _____
   _____
   _____
   _____

VERSÍCULO DE LA SEMANA

Todo tiene su momento oportuno, hay un tiempo para todo lo que se hace bajo el cielo. Un tiempo para nacer y un tiempo para morir. Tiempo para plantar y tiempo para cosechar. Tiempo para matar y tiempo para sanar. Tiempo para destruir y tiempo para construir. Tiempo para llorar y tiempo para reír. Tiempo para estar de luto y tiempo para bailar. Tiempo para esparcir piedras y tiempo para recogerlas. Un tiempo para abrazarse y un tiempo para apartarse. Un tiempo para buscar y un tiempo para dejar de buscar. Un tiempo para guardar y un tiempo para soltar.
▸ Eclesiastés 3:1–6

SEMANA 32
¡OH, QUÉ AMOR!

LECTURAS DIARIAS

Día 1: Cantar de los Cantares 1-4

Día 2: Cantar de los Cantares 5-8

Día 3: Salmos 107-110

Día 4: Salmos 111-116

Día 5: Salmos 117-119

Día 6: Salmos 120-128

Día 7: Ponte al día con las lecturas que te hayas perdido.

EL CANTAR DE LOS CANTARES es una colección de poemas de amor, contados desde la perspectiva de dos personas que están profundamente enamoradas. El deseo mutuo es evidente en sus descripciones, tan específicas, que puede sentirse la tensión sexual entre ellas. El hombre le dice a su amada:"Tus labios son color escarlata; tu boca es incitante. Tus mejillas son como granadas rosadas detrás de tu velo... Tus senos son como dos cervatillos, dos gacelas, que pastan entre los lirios" (Cantar de los Cantares 4:3-5). Pero confirma que este amor va más allá de la atracción física: "Porque el amor es tan fuerte como la muerte, sus celos tan duraderos como una tumba. El amor destella, como el fuego, con la llama más brillante. Muchas aguas pueden no saciar el amor, ni los ríos ahogarlo. Si un hombre intentara comprar el amor con sus riquezas, su oferta sería totalmente despreciada" (8:6-7). El amor es peligroso y vivificante al mismo tiempo. El amor duele, pero también repara. Estos poemas revelan lo complicado, pero, a la vez, satisfactorio que es el amor. Y, al fin y al cabo, el amor es un regalo de Dios, quien, a su vez, es complejo, amoroso, gratificante y mucho más.

Muchos opinan que estos escritos son, en realidad, alegóricos, y que el romance es una metáfora del amor que Dios ha demostrado por Sus hijos. Expone cómo Dios nos amó tan apasionadamente, que ofreció una parte de sí mismo cuando envió a Su Hijo a morir en la cruz. ¡Qué interesante que la metáfora utilizada para expresarlo sea una hermosa historia de amor! ¿A quién no le gusta una buena historia de amor? Si ustedes son como yo, mujeres, les debe encantar la idea de que alguien las ame, completa e incondicionalmente. (¡Los hombres también!) A la mayoría de las mujeres que conozco les encantaría que sus parejas les prestaran más atención y las halagaran con palabras apasionadas y floridas. El Cantar de los Cantares motiva a que anhelemos ese tipo de amor.

Lo creas o no, así es como Dios nos ama. Nos ama tan apasionada y completamente, que sacrificó a Su único Hijo por nuestros pecados. Muchas de nosotras lo negamos e incluso huimos de Él. Pero Dios nos amó tanto, que nos siguió y nos demostró Su amor. Así que si alguna vez te sientes desprovista de amor, recuerda el Cantar de los Cantares ¡y el maravilloso amor de Dios! ¡Oh, qué Amor!

PUNTOS PARA LA REFLEXIÓN

1. Si tuvieras que describir tu amor por Dios, ¿cómo sería?

2. Si tuvieras que convencer a alguien sobre el amor de Dios, ¿cómo compartirías Su amor?

3. La semana pasada, ¿cómo te ha mostrado Dios su amor?

ACCIONES DE LA SEMANA

Tómate un momento y piensa seriamente en tu relación de amor con el Señor. Luego tómate un tiempo para escribir tu historia de amor. ¿Cómo se conocieron? ¿Cuáles fueron las circunstancias para un primer encuentro? ¿Cuándo tomaste, finalmente, la decisión de comprometerte en una relación con Él? ¿Cómo piensas demostrarle que lo sigues amando?

SEMANA 33
NO SOY DIGNA, PERO IRÉ

LECTURAS DIARIAS

Día 1: Isaías 1-4

Día 2: Isaías 5-8

Día 3: Isaías 9-12

Día 4: Isaías 13-16

Día 5: Isaías 17-20

Día 6: Isaías 21-24

Día 7: Ponte al día con las lecturas que te hayas perdido.

EN ISAÍAS 6, leemos cómo Isaías fue llamado a ser profeta. Ocurrió en el año en que el rey Uzías murió (740 a.C.). No fue sino hasta ese momento, que Isaías estuvo en posición de caminar en completa obediencia a Dios y escuchar la palabra directamente de Él.

Isaías atestigua que, un día, tuvo una visión: el Señor estaba sentado en un trono, y la cola de su manto llenaba el templo. Había ángeles a su alrededor cantando: "¡Santo, santo, santo es el Señor de los ejércitos; toda la tierra está llena de su gloria!" (Isaías 6:3, NVI). La presencia de Dios era tan poderosa, que los postes de las puertas empezaron a temblar y el templo se llenó de humo. Fue tan poderoso, que Isaías empezó a ver inmediatamente sus defectos y, cuando tuvo una mirada bien sincera de sí mismo, no se sintió digno de estar en presencia de Dios. Dijo: "!Ay de mí! Porque estoy perdido; porque soy hombre de labios impuros y vivo en medio de un pueblo de labios impuros" (6:5, NVI). En otras palabras: *Hago lo que no debería. Digo lo que no debería. ¿Por qué Dios se tomaría el tiempo de bendecir a alguien como yo?* Sabía que jamás podría estar a la altura de la santidad de Dios.

Cuando tengas un verdadero encuentro con Dios, Él permitirá que te veas a ti misma. Permitirá que veas tus pecados. Cuando realmente estamos en Su presencia, y nos vemos a la luz de la perfecta santidad de Dios, podemos percibir la verdad sobre nosotras mismas. Y eso es difícil de hacer. Es difícil admitir que hemos actuado mal y que nos hemos alejado de la voluntad de Dios. Pero, si alguna vez estuvieras en posición de ayudar a alguien, tienes que ser honesta contigo misma. Admite que tienes defectos, que hay cosas en ti que deben cambiar. Nadie es perfecto, y nunca lo seremos, mientras estemos en este cuerpo. Sin embargo, todas necesitamos de un encuentro con Dios para que nos limpie y nos prepare, para llevar el ministerio a aquellos para los que hemos sido llamadas.

Hay alguien asignado a ti. Hay alguien que se salvará a través de tus palabras, que se hará libre a través de lo que tienes para dar. Hay alguien, en algún lugar, esperando tu testimonio. A pesar de sus "labios impuros", Isaías se convirtió en uno de los más grandes profetas jamás conocidos. Dios nos ama a pesar de nuestras imperfecciones, y puede y quiere utilizarnos para Su gloria.

PUNTOS PARA LA REFLEXIÓN

1. ¿Hubo un momento en tu vida en el que no te hayas sentido digna de prestarle servicios al Señor o a Su pueblo? ¿Por qué?

2. ¿Has tenido alguna vez un encuentro como el de Isaías? ¿En qué circunstancias sucedió ese encuentro?

3. Todos hemos sido llamados hacia alguien. ¿Hacia quién crees que fuiste llamada?

VERSÍCULO DE LA SEMANA

Me tocó los labios y me dijo: "Mira, esta brasa ha tocado tus labios. Ahora tu culpa fue removida y tus pecados, perdonados".
  Entonces, oí la voz del Señor que decía: "¿A quién debería enviar como mensajero de estas personas? ¿Quién irá por nosotros?"
  Le dije: "Aquí estoy. Envíame a mí". ▸ **Isaías 6:7–8**

SEMANA 34
TU FUTURO ES AHORA

LECTURAS DIARIAS

- Día 1: Isaías 25-27
- Día 2: Isaías 28-31
- Día 3: Isaías 32-35
- Día 4: Isaías 36-39
- Día 5: Isaías 40-42
- **Día 6: Isaías 43-46**
- Día 7: Ponte al día con las lecturas que te hayas perdido.

EN LOS ESCRITOS PROFÉTICOS de Isaías, Dios habla a través de él, para recordarle a Su pueblo que Él es el Dios Todopoderoso y que no hay otro como Él. Confirma, una y otra vez, que Él tiene el control total de nuestras vidas. Y le dice a la nación de Judá: "Olviden las cosas de antaño, ya no vivan en el pasado" (Isaías 43:18, NVI).

Dios alentaba al pueblo de Judá a no fijarse en las luchas pasadas que los llevaron a convertirse en una nación. Lo mismo nos dice hoy. Dios no quiere que te quedes pensando en el pasado porque, al hacerlo, vuelves a sentir parte del dolor, la rabia y la pena. Podemos apreciar el pasado. Podemos aprender de él, pero no podemos estancarnos ahí. En la versión el Mensaje de la Biblia, Isaías 43:18 dice: "Olvídate del pasado; no sigas removiendo lo que ya es historia". Incluso, en Lucas 9:62, Jesús afirma que "nadie que mire atrás, después de poner la mano en el arado, es apto para el reino de Dios".

Así que tienes que pedirle a Dios que te ayude a seguir adelante. El pasado tiene que permanecer en el pasado, para que Dios pueda impulsarte hacia una nueva etapa. A menudo, nos quedamos en una postura de comodidad y complacencia, pero llegará el momento en el que deberás pasar a la etapa siguiente de tu viaje, ya sea de empleada por horas a gerente, de misionera a un cargo pastoral, o de la soltería al matrimonio y la maternidad.

Debes ser receptiva para poder alcanzar la fase siguiente. Tu mente debe estar preparada. Debes estar motivada y posicionarte para ello. Y debes tener la seguridad de que hay algo grandioso esperándote. No sé los demás, pero yo estoy lista para recibir más de Dios. No quiero estancarme ni atascarme. Si Él tiene algo más para ofrecerme, estoy lista para ello. No podemos lamentarnos eternamente por lo que ya pasó. Es hora de seguir adelante. Es hora de avanzar. Y si te encuentras en ese momento de tu vida, quiero que sepas que ¡tu futuro comienza ahora!

PUNTOS PARA LA REFLEXIÓN

1. ¿Cómo te imaginas la próxima etapa de tu vida?
   _____
   _____

2. ¿Qué te mantuvo estancada y cómoda?
   _____
   _____

3. ¿Qué estrategias pondrás en marcha para pasar a la fase siguiente?
   _____
   _____

ESTA ES MI ORACIÓN

Querido Dios:
Ayúdame a olvidar lo anterior y a dejar el pasado atrás. Ayúdame a mantener la mirada sobre Ti, mientras avanzo hacia la próxima fase de mi vida a tu lado. Dame claridad y comprensión sobre Tu voluntad. Ayúdame a aceptar lo nuevo, mientras Te confío cada paso del camino. Dame una estrategia y dame fuerzas para que mis manos puedan hacer todo lo que les asignes, En el nombre de Jesús, amén.

SEMANA 35
PIENSA A LO GRANDE

LECTURAS DIARIAS

Día 1: Isaías 47-49

Día 2: Isaías 50-53

Día 3: Isaías 54-57

Día 4: Isaías 58-60

Día 5: Isaías 61-63

Día 6: Isaías 64-66

Día 7: Ponte al día con las lecturas que te hayas perdido.

EN ISAÍAS 54, Dios le habla a un pueblo que fue exiliado a Babilonia y abandonado allí durante 70 años. Los llama de estériles porque habían pasado muchos años sin cumplir su promesa; estaban espiritualmente estancados y eran incapaces de prosperar. Se les había prometido un futuro abundante, pero, en ese momento, eran infértiles en la iglesia del Reino de Dios.

¿Cómo actuarías al darte cuenta de que deberías hacer más de lo que haces? ¿Cómo actuarías al saber que no estás dando tu máximo potencial? Una obstrucción espiritual puede hacer que te sientas derrotada, atascada y paralizada. Tienes todas las herramientas, pero no te funcionan. Sabes que tienes todo lo necesario, pero no tienes resultados que mostrar. ¿Qué harías?

Isaías les pidió a los hijos de Israel que se prepararan de acuerdo con su promesa. Aunque estaban en el exilio, les dijo que se prepararan pensando en su futuro, en lugar de conformarse con lo que tenían en aquel momento. Para ello, tuvieron que dejar de lado las limitaciones que les causaba su situación actual. Tenían que ver su potencial y trabajar para conseguirlo.

Y esa es una lección para todas nosotras. Debemos dejar de limitarnos y lograr ir más allá. Hermana mía, nunca sabrás de lo que eres capaz, hasta que te esfuerces. Debes cambiar la imagen que tienes de ti. Debes comenzar a pensar en grande. Tus circunstancias actuales no deben obstaculizar tus sueños y deseos por cosas mejores o mayores para ti.

Lo cierto, mujeres, es que nos contenemos. Creemos que no podemos lograr ciertas cosas, porque nuestra situación actual no es como quisiéramos que fuese. Creemos que no podemos comenzar un negocio porque no contamos con dinero suficiente, o que no podemos tener una casa porque nunca nos darán un crédito bancario. Pero para aquellas que tienen la capacidad de creer, Dios está ampliando su capacidad de recibir.

A pesar de que los hijos de Israel se encontraban en la peor situación posible, exiliados en Babilonia, Dios les ofrecía una visión de hacia dónde se dirigía su vida. Eso también va para ti. Deja lugar para lo que Él te está por enviar. Estás acostumbrada a vivir en un espacio limitado, pero la próxima fase no se trata solo de ti. Se trata de la responsabilidad que Él está a punto de confiarte para ese trabajo. Se trata de una base más grande que Él está preparando para ti. Comienza a planificar, pero no lo hagas pensando solo en ti. Hazlo con miras a expandirte. Piensa a lo grande.

PUNTOS PARA LA REFLEXIÓN

1. ¿Has tenido una época estéril en tu vida? ¿De qué manera?

2. ¿Cómo te has subestimado o limitado?

3. ¿Cuál es esa gran empresa que Dios ha puesto en tus manos?

_____
_____
_____
_____

VERSÍCULO DE LA SEMANA

"Canta, mujer estéril, tú que nunca has dado a luz. ¡Canta de alegría, tú que nunca has tenido dolores de parto! Tendrás más hijos que todas esas mujeres embarazadas". ¡Es palabra de Dios!... "No temas, no serás avergonzada. No te contengas, no serás humillada".
▶ **Isaías 54:1–4 (MSG)**

SEMANA 36
REZAR AÚN FUNCIONA

LECTURAS DIARIAS

Día 1: Hechos 1-3

Día 2: Hechos 4-7

Día 3: Hechos 8-10

Día 4: Hechos 11-14

Día 5: Hechos 15-17

Día 6: Hechos 18-21

Día 7: Ponte al día con las lecturas que te hayas perdido.

EN HECHOS 12, Pedro se encuentra en la cárcel a horas de ser ejecutado. Estaba encadenado a dos soldados dormidos para que, si se movía, se despertaran. Había más soldados custodiando las puertas de la prisión, que estaban trancadas, así nadie podría rescatarlo. Pero un ángel del Señor se acercó a Pedro y lo despertó. Cuando el ángel lo tocó, las cadenas se soltaron. Luego, le dijo que se vistiera y lo siguiera adondequiera que fuese. Pasaron los dos primeros grupos de guardias, y luego, se toparon con un portón de hierro que seguramente los detendría. Pero, ¿saben que Dios puede hacer lo imposible? Dios salió al encuentro de Pedro, en ese preciso momento, y le abrió el portón de hierro.

Una vez que Pedro estuvo en la calle, a salvo, el ángel se fue. Entonces, Pedro fue a la casa de María, donde la gente rezaba por él. Cuando llamó a la puerta, una joven se acercó a preguntar quién había llegado. Pedro le respondió y ella reconoció su voz porque lo había oído rezar y predicar. Pero, en lugar de dejarlo entrar, fue a contárselo a los demás, que pensaron que alguien les estaba haciendo una broma. Pedro estaba en la cárcel, no podía ser él quien estuviera al otro lado de la puerta. A pesar de que habían estado rezando, les costaba creer. Le dijeron a la chica que estaba loca. No podría ser Pedro. Él estaba en la cárcel; debería ser su ángel.

Esta lección es para todas nosotras. Cuando rezamos, debemos creer en nuestros rezos. No puede haber fe y duda al mismo tiempo. Muchas de nosotras rezamos por algo en particular, pero luego permitimos que el espíritu de la duda nuble nuestras oraciones. O le pedimos a Dios que haga el trabajo difícil, pero luego creemos que es demasiado difícil para que ocurra. Muy por el contrario, cuando oramos, debemos creer que no hay absolutamente nada demasiado difícil para Dios. Efesios 3:20 afirma que Dios "puede hacer muchísimo más que todo lo que podamos imaginar o pedir" (NVI). Todo lo que puedas decir o imaginar, nuestro Dios es capaz de superar.

Así que, anímate, y no dejes de rezar. No importa cuánto tiempo llevas rezando o lo difícil que pueda parecer. Sé que hay momentos en los que nos desanimamos porque pareciera que Dios no escucha nuestras oraciones. Pero hoy, quiero animar sus corazones y decirles que Él escucha y que responderá. Tus oraciones no son en vano. Rezar le funcionó a Pedro cuando estaba en la cárcel. Rezar aún funciona.

PUNTOS PARA LA REFLEXIÓN

1. ¿Qué es aquello por lo que has rezado que parece imposible?

_____
_____
_____
_____

2. ¿Por qué es difícil creer que Dios puede realizar cosas difíciles?

_____
_____
_____
_____

3. ¿Cómo es tu régimen de oración? ¿Tienes una rutina, o tus oraciones son esporádicas?

_____
_____
_____
_____

ACCIONES DE LA SEMANA

Esta semana, reza con intención. Tómate un día para comprometerte a rezar por estas personas:

1. Familia (cónyuge, hijos, hermanos, padres)
2. Amigos
3. Familia eclesiástica
4. Compañeros de trabajo
5. Comunidad
6. Líderes gubernamentales
7. ¡Tú misma!

SEMANA 37
LO LOGRARÁS

LECTURAS DIARIAS

Día 1: Hechos 22-25

Día 2: Hechos 26-28

Día 3: Jeremías 1-3

Día 4: Jeremías 4-6

Día 5: Jeremías 7-11

Día 6: Jeremías 12-15

Día 7: Ponte al día con las lecturas que te hayas perdido.

HECHOS 27 relata la historia de un viaje en barco de Pablo, y de cómo el Señor lo salvó estratégicamente de una terrible tormenta. Pablo fue arrestado por predicar el Evangelio, y lo llevaron al otro lado del Mediterráneo para juzgarlo en Roma. El viaje por mar fue difícil y Pablo intentó convencer a sus captores de que no siguieran navegando, pero no lo escucharon. Se desató una tormenta que, a lo largo de tres días, empeoró más y más, al punto de que las personas comenzaron a tirar la carga por la borda para aligerar el peso del barco.

Los demás prisioneros y soldados temieron por sus vidas, pero Pablo compartió con ellos la palabra del Señor. Les contó que tuvo la aparición de un ángel, quién le pidió que no tuviera miedo, porque todos llegarían a salvo a su destino. Les dijo que tuvieran valor, porque él confiaba en la palabra de Dios. Seguramente, les resultaba difícil confiar en la palabra de un prisionero, pero en este punto, ¿qué opción tenían?

Finalmente, al cabo de catorce días de sacudidas, el barco comenzó a romperse y naufragaron. Los soldados pensaron en matar a los prisioneros para que no pudieran escapar, pero Pablo les advirtió que, si lo hacían, ellos tampoco sobrevivirían. Pablo conocía la gracia de Dios en su vida. Sabía que, mientras él estuviera a bordo, todos estarían a salvo, porque eso le dijo el Señor. Así fue que un oficial les dijo a los que sabían nadar que lo hicieran, y al resto, que buscaran un trozo de madera que los ayudara a flotar hasta un lugar seguro.

Hubo, tal vez, momentos en tu vida en los que experimentaste algún naufragio. Seguramente, hubo momentos en los que sentiste que te ahogabas bajo tanta presión, pero sigues aquí. Tal vez no hayas tenido las fuerzas para nadar, pero aun así llegaste a la orilla en un trozo de madera. El hecho es que lo que pensabas que te hundiría ha sido precisamente lo que te ha llevado a donde estás ahora. Aquel naufragio fue aterrador, pero te trajo a tu lugar de destino. Sobreviviste a todo y llegaste al otro lado, gracias a la promesa que existe sobre tu vida.

Tal vez hayas pasado por una tormenta, estés en medio de una o te estés preparando para una. Sea cual fuere tu situación, ¡lo lograrás! Gracias a Aquel que vela por tu vida, ¡sobrevivirás!

PUNTOS PARA LA REFLEXIÓN

1. ¿Hubo algún momento de tu vida en el que parecías estar en medio de una tormenta? ¿Cómo lo manejaste?

2. Hoy, cuando nos avisan de una tormenta inminente, sabemos cómo prepararnos. Si supieras que estás al borde de una tormenta espiritual, ¿cómo te prepararías?

3. Cuando experimentas tormentas en tu vida, ¿te animan o te desaniman? ¿Por qué?

ESTA ES MI ORACIÓN

Querido Dios:
Ayúdame a confiar en Ti a toda hora, durante los días soleados y los días tormentosos. Admito que no siempre entiendo Tu camino, pero ayúdame a confiar, siempre, en Tu plan. Ayúdame a ser consciente de que no siempre será así, por las promesas que me hiciste. Ayúdame a mantener firme mi compromiso hacia ti y a tener una fe inquebrantable. En el nombre de Jesús, amén.

SEMANA 38
DIOS ME PROTEGIÓ

LECTURAS DIARIAS

Día 1: Jeremías 16-19

Día 2: Jeremías 20-22

Día 3: Jeremías 23-26

Día 4: Jeremías 27-30

Día 5: Jeremías 31-34

Día 6: Jeremías 35-37

Día 7: Ponte al día con las lecturas que te hayas perdido.

EN JEREMÍAS 18, Dios le pidió al profeta Jeremías que fuera a la casa del alfarero porque tenía algo para mostrarle. Jeremías estaba desanimado por lo que observaba en el pueblo de Judá porque, por mucho que predicara y profetizara, no lo comprendían. Estaban decididos a hacer de las suyas: pecar y adorar ídolos. El Señor quería ayudar a Jeremías y aclarar la situación, así que le pidió al profeta que fuera a la casa del alfarero a ver cómo este trabajaba.

Jeremías obedeció las instrucciones del Señor y vio al alfarero trabajar con la arcilla. Sin embargo, la vasija se "deshizo" en sus manos (versículo 4, NVI) y el proyecto no salió como esperaba. La palabra hebrea para "deshacer" es *nishkhat* que significa "estropear", "arruinar" o "corromper". Así que la arcilla con la que trabajaba el alfarero se echó a perder. Se había arruinado. Pero, ¿qué hizo el alfarero? No la descartó. La guardó y la transformó en otra vasija.

Dios hizo lo mismo con nosotras, si miramos hacia atrás en nuestras vidas. Nos ha guardado. A veces, somos como la arcilla. Nos descontrolamos, nos corrompemos, nos frustramos, nos desbaratamos y, en muchos sentidos, nos malogramos. Somos seres imperfectos por causa de nuestro carácter impuro. Pero, a pesar de nuestros errores y defectos, Dios nos ama y nos guarda. A veces, somos rebeldes y vivimos sometidas al error. Sin embargo, Dios, en Su supremacía, no nos desecha. Por la gracia salvadora de Su Hijo, Jesús, somos reconstruidas para Su provecho. Nos guarda, nos recoge y nos transforma en otra vasija.

PUNTOS PARA LA REFLEXIÓN

1. ¿Hubo un momento en tu vida en el que sabías que estabas fuera de control? Explícalo.

2. En retrospectiva, ¿puedes recordar cómo la gracia de Dios te cubrió en aquel momento? Explícalo.

_____
_____
_____

3. Si tuvieras que atestiguar y comparar quién eres y quién eras en aquel momento, ¿cómo sería ese testimonio?

_____
_____
_____

VERSÍCULO DE LA SEMANA

Esta es la palabra que vino a Jeremías de parte del Señor: "Levántate y baja ahora mismo a la casa del alfarero y allí te comunicaré mi mensaje". Entonces, bajé a la casa del alfarero y lo encontré trabajando en el torno. Pero la vasija que estaba moldeando se deshizo en sus manos; así que volvió a hacer otra vasija, hasta que le pareció que había quedado bien.
▸ **Jeremías 18:1–4 (NVI)**

SEMANA 39
PROPÓSITO Y PROCESO

LECTURAS DIARIAS

- **Día 1: Jeremías 38-41**
- Día 2: Jeremías 42-45
- Día 3: Jeremías 46-49
- Día 4: Jeremías 50-52
- Día 5: Lamentaciones 1-2
- **Día 6: Lamentaciones 3-5**
- Día 7: Ponte al día con las lecturas que te hayas perdido.

EN JEREMÍAS 38, Jeremías atraviesa un momento muy difícil. Estuvo en la cárcel, por pregonar la Palabra del Señor, pero no permitió que eso lo detuviera. Continuó profetizando y le explicó al pueblo que, si no se arrepentían, pronto los alcanzaría la ruina. Los hombres del rey pidieron permiso para meter a Jeremías en un calabozo porque, aunque ya estaba preso, creían que era una amenaza demasiado grande. Así que lo metieron en una cisterna, un depósito subterráneo revestido con piedras y diseñado para almacenar agua de lluvia. Ese lugar estaría oscuro, frío, húmedo y lleno de barro. Jeremías podría haber muerto de frío o inanición.

Las Escrituras no indican que Jeremías les haya dicho algo a los hombres del rey cuando lo bajaron al agujero. No aclaran si intentó luchar, defender su caso o suplicar por su vida. Lo que hizo Jeremías, según el libro de las Lamentaciones, fue clamar a Dios: "Invoqué tu nombre, Señor, desde las profundidades de la fosa. Y Tú escuchaste mi súplica: 'No cierres tus oídos a mi clamor de alivio'. Te invoqué y viniste a mí; 'No temas', me dijiste" (Lamentaciones 3:55–57, NVI). Esto indica que Jeremías se sometió al proceso y se aferró a su fe. Sabía que estaba haciendo lo correcto y, sin embargo, se encontraba en ese lugar oscuro. Y, ¿qué hizo? Le imploró a Dios.

Al igual que Jeremías, muchas de nosotras, a veces, nos hemos encontrado en un lugar oscuro. Reconozco que no siempre me he manejado muy bien allí. Pero aprendí que tengo que entregarme a los procesos de Dios. Y aprendí que, cuando esos días parecen insoportables, mi paz llega al clamarle a Dios y entregarle todas mis preocupaciones. Tuve que aprender que, si Dios me ha permitido estar en ese lugar, tiene un propósito para ello.

Tu proceso puede o no ser tan difícil como el de Jeremías, pero debes aprender a entregarte a él. ¿Por qué? Porque es la herramienta que Dios usará para edificar tu disciplina y madurez. Es el medio por el cual Dios te equipará para el camino que tiene preparado para ti o para el próximo nivel en tu ministerio. No siempre se siente bien, pero funciona a tu favor. Y, si puedes soportar el proceso, pronto verás el propósito que había en ello.

PUNTOS PARA LA REFLEXIÓN

1. Si alguna vez te has encontrado en un lugar oscuro, ¿cómo lo manejaste?

2. En aquel momento, ¿lo viviste como un proceso? ¿Cómo te ha preparado o te ha equipado esa época de tu vida?

3. ¿Puedes identificar el propósito al que estuvo vinculado ese proceso?

VERSÍCULO DE LA SEMANA

Mis enemigos me persiguen sin razón, y quieren atraparme como a un ave. Me quieren enterrar vivo y me tiraron piedras. El agua me cubrió la cabeza y grité: "¡Es el fin!". Invoqué tu nombre, Señor, desde las profundidades de la fosa. Y Tú escuchaste mi plegaria: "¡Escucha mi súplica! ¡Escucha mi pedido de auxilio!". Te invoqué y viniste a mí; "No temas", me dijiste. ▶ Lamentaciones 3:52–57

SEMANA 40
SIMPLEMENTE, DILO

LECTURAS DIARIAS

Día 1: Ezequiel 1-3

Día 2: Ezequiel 4-7

Día 3: Ezequiel 8-11

Día 4: Ezequiel 12-15

Día 5: Ezequiel 16-18

Día 6: Ezequiel 19-21

Día 7: Ponte al día con las lecturas que te hayas perdido.

TODO EL MUNDO TIENE A ALGUIEN asignado a su vida. Tus hijos, si eres madre. Tus alumnos, si eres docente. Innumerables personas de todas las edades, si eres pastora. Si eres cosmetóloga, tendrás clientas habituales que esperan impacientes su turno contigo, cada semana o cada mes. Tu tarea asignada para con ellos es ser un ejemplo positivo y compartir tus conocimientos para que puedan convertirse en la mejor versión de sí mismos. Esta es una parte fundamental de nuestro propósito: darles a los demás lo que se nos fue dado.

Pero, lamentablemente, lo que ofrecemos no siempre es bien recibido. A veces, la gente escuchará, a veces no. A veces, tus hijos te escucharán, a veces no. Pero eso no impedirá que dejes de decirles lo que está bien y lo que está mal. Sigues teniendo la obligación de enseñarles y mostrarles un camino mejor. Cualquier pastor te dirá que casi nunca sabe si su congregación escucha lo que les dice desde el púlpito. Pero el pastor, aun cuando no lo escuchen, debe enseñar y predicar la Palabra del Señor.

En Ezequiel 2, Ezequiel recibió instrucciones de acuerdo con este principio. Ezequiel tenía la misión de ir y divulgar la Palabra de Dios a Israel. El problema era que Dios sabía que el pueblo de Israel no sería receptivo. Le dijo a Ezequiel que el pueblo de Israel era terco y rebelde, y que no lo escucharía. Le dijo, incluso, que rechazarían su mensaje con tanta dureza, que dolería. Pero, si el pueblo de Israel era rebelde, Ezequiel no podía serlo también. A pesar de los obstáculos, él tenía la responsabilidad de hacer y de decir lo que le habían asignado. Si fallaba, la sangre de Israel estaría en sus manos.

Cuando pienso en la misión de Ezequiel, imagino la misión que está en manos de muchas de nosotras. Debemos cumplir, pero no siempre nos escucharán. A veces, nos encontramos con rebeldía, con negatividad y con mentes cerradas. No importa lo que hagas, parece que no pudieras abrirles los ojos; ya sea, a ese adolescente que se niega a escuchar, a ese alumno que decide seguir su propio camino o aquel hermano que está decidido a hacer todo lo contrario a lo que le dices. El rechazo puede herirte en lo más profundo de tu ser, porque solo quieres lo mejor para ellos y observas que han tomado un camino de destrucción. ¿Qué hacer?

Continúa diciendo la verdad. Continúa difundiendo la palabra de Dios. Continúa estimulando, fortaleciendo, formando y equipándolos a través de la Palabra de Dios. Debes mantenerte fiel a tu misión, porque no se trata de lo que *tú* quieres hacer, sino de lo que *Él* quiere hacer a través de ti. Se trata de Su mensaje y de la persona a la que Él quiere entregárselo. Así que dilo, cuando quieran oírlo y cuando no. Dilo, tanto si lo aceptan como si lo rechazan. Solo di Su verdad.

PUNTOS PARA LA REFLEXIÓN

1. ¿Sabes a quién fuiste asignada y para qué?

2. ¿Hubo un momento en tu vida en el que sentiste que rechazaban lo que tenías para ofrecer? ¿Cómo lo manejaste?

_____

_____

_____

_____

3. ¿Hubo un momento en tu vida en el que permitiste que tu miedo sea mayor que tu tarea? ¿Cómo superaste el miedo?

_____

_____

_____

_____

ESTA ES MI ORACIÓN

Querido Dios:
Ayúdame a hacer siempre lo que Tú me has encomendado. Ayúdame a que mi compromiso contigo sea constante. Ayúdame a no tener miedo, sino a caminar, hablar y moverme con fe. Padre, es mi deseo complacerte y un día oírte decir: "Bien hecho". En el nombre de Jesús, amén.

SEMANA 41
LA ENSEÑANZA

LECTURAS DIARIAS

Día 1: Ezequiel 22-24

Día 2: Ezequiel 25-28

Día 3: Ezequiel 29-32

Día 4: Ezequiel 33-36

Día 5: Ezequiel 37-39

Día 6: Ezequiel 40-42

Día 7: Ponte al día con las lecturas que te hayas perdido.

SE DICE QUE LAS MADRES son las primeras maestras de los niños. Gran parte de lo que un niño sabe y de cómo actúa es resultado directo de lo que aprende al observar a sus padres. A medida que los niños crecen, empiezan a aprender cosas en la escuela, pero hay algunas lecciones que no pueden enseñarse en un aula. Algunas lecciones solo la vida te las puede enseñar. Si eres como yo, probablemente hayas aprendido algunas lecciones valiosas que te hicieron mejor persona. Pudo haber sido difícil, pero todo fue diseñado para enseñarte algo que te ayudará en el siguiente ciclo de tu vida. Algunas situaciones eran necesarias para impulsarte a activar tu fe.

En Ezequiel 37:1, el profeta Ezequiel declara: "La mano del Señor se posó sobre mí, su Espíritu me llevó y me puso en medio de un valle lleno de huesos" (NVI). En este texto, el profeta de Dios es llamado a otro lugar a través de su Espíritu, donde Dios le permitió ver y experimentar un valle lleno de huesos secos. Si bien Dios pudo haber encontrado cualquier otra manera de hablar con Ezequiel y de mostrarle lo que debía saber, eligió ponerlo en medio de un lugar extraño y aterrador. Eligió este valle de huesos secos como aula.

La buena noticia es que, incluso cuando Dios te pone en un valle, Su mano sigue estando sobre ti. Y esa es una lección muy valiosa de aprender. Tuve que aprender que, incluso, cuando sentía que atravesaba el valle sola, nunca lo estaba, porque Dios siempre me acompaña. Existe una seguridad bendita en saber que Dios está ahí conduciendo, guiando y ordenando nuestros pasos.

El versículo 4 dice: "Profetiza sobre estos huesos y diles: huesos secos, escuchen la palabra del Señor" (NVI). Dios puso a Ezequiel a propósito en este lugar seco y luego, le dijo que profetizara. Dios permite que, en nuestras vidas, los valles nos impulsen a otro nivel para confiar en Su Palabra. Nos enseña que la Palabra de Dios es vida para nosotras. Nos fortalece, cuando nos sentimos débiles. Nos impulsa, cuando nos sentimos cansadas y agotadas. Y, a veces, nos pondrá a prueba en ese lugar árido, para ver si nos aferramos a Su Palabra.

Hay días en los que debes repetirte que todo es para tu bien. Debes repetirte que, por las heridas de Jesús, tú estás curada. Pero, tal vez no te des cuenta de que, mientras predicas la Palabra en tu vida, como Ezequiel lo hizo sobre los huesos secos, te estás preparando para hacerlo con las personas que encontrarás en el camino.

PUNTOS PARA LA REFLEXIÓN

1. ¿Cuál ha sido una de las lecciones más importantes que tuviste que aprender en tu vida, y por qué es tan importante?

   _____

   _____

2. Cuando te encuentras en un lugar árido, ¿cómo reaccionas?

   _____

   _____

3. Si tu paz mental dependiera de una sola Escritura, ¿cuál sería y por qué?

   _____

   _____

ESTA ES MI ORACIÓN

Querido Dios:
Doy gracias por cada valle y cada lección aprendida. Gracias por ayudarme a valorar los valles. Gracias por guiarme y por ordenar, constantemente, mis pasos a través de Tu Palabra. Ayúdame a recordar que, cuando no haya nadie más, Tú siempre estarás ahí para consolarme y cuidarme todos y cada uno de mis días. En el nombre de Jesús, amén.

SEMANA 42
SÉ QUIÉN SOY

LECTURAS DIARIAS

- Día 1: Ezequiel 43-45
- Día 2: Ezequiel 46-48
- **Día 3: Daniel 1-4**
- Día 4: Daniel 5-8
- Día 5: Daniel 9-12
- Día 6: Salmos 129-135
- Día 7: Ponte al día con las lecturas que te hayas perdido.

DANIEL 3 NARRA LA HISTORIA de tres niños judíos que tomaron una determinación y se atrevieron a ser diferentes. Se negaron a inclinarse para adorar a un ídolo. A pesar de que fueron amenazados y perseguidos, decidieron ser fieles a Dios.

Cuando los judíos fueron exiliados a Babilonia, Daniel fue privilegiado por el rey Nabucodonosor. Le pidió al rey que pusiera a sus tres amigos, Sadrac, Mesac y Abednego, en puestos de poder en el gobierno. Pero los jóvenes no sabían que ese ascenso conllevaba algunas responsabilidades que no estaban dispuestos a asumir: les ordenaron que se inclinaran ante una estatua de oro o, si no, serían arrojados a un horno encendido. Era una cuestión de vida o muerte. O cedían a la presión, o se mantenían firmes. O desobedecían los mandatos de Dios, o se mantenían firmes en sus creencias. ¿Tú, qué habrías hecho?

Cuando prestamos atención a este texto, observamos que, cuando los músicos del rey comenzaban a tocar, todos se inclinaban para adorar a la imagen de oro, tal como se les había ordenado; todos, menos Sadrac, Mesac y Abednego. Estos jóvenes sabían exactamente quiénes eran y a quién pertenecían. Estaban decididos a servirle a Dios, y solo a Dios, y nadie podría hacerles cambiar de opinión. Aunque los babilonios podían cambiar los nombres de los jóvenes (sus nombres hebreos eran Hananías, Misael y Azarías), no podían cambiarles la personalidad, no podían cambiar su vínculo con Dios. Su relación con Dios era firme y estaba arraigada.

Nosotras también debemos ser así. Debemos saber quiénes somos y a quién pertenecemos. Debemos enseñarles a nuestros hijos lo mismo. No importa cómo nos llamen los demás, sabemos que somos las hijas del Dios Altísimo. Siempre debemos recordar que somos "una descendencia escogida, un sacerdocio regio, una nación santa, un pueblo que le pertenece a Dios para que proclamen las obras maravillosas de Aquel que nos llamó de las tinieblas a su luz admirable" (1 Pedro 2:9, NVI).

¿Qué ocurrió cuando Sadrac, Mesac y Abednego se negaron a inclinarse ante el ídolo? Fueron arrojados a un horno en llamas "siete veces más caliente que lo normal", tan caliente que "las llamas alcanzaron y mataron a los soldados que arrojaron a Sadrac, Mesac y Abednego" (Daniel 3:19, 22). Pero Dios estaba de su parte, y los jóvenes no solo no sufrieron daño alguno, sino que la Biblia dice que "ni uno solo de sus cabellos se había chamuscado" y "ni siquiera olían a humo" (Daniel 3:27). A veces, cuando nos enfrentamos a grandes dificultades, nos cuesta creer que podemos salir adelante, por lo que vemos con nuestros propios ojos. Pero, a pesar de todo, debemos creer que podemos sobrevivir y salir victoriosas.

PUNTOS PARA LA REFLEXIÓN

1. ¿Recuerdas cuando eras niña y te presionaban para hacer algo que no sentías en el corazón? ¿Qué era y cómo lo manejabas?

   _____
   _____
   _____
   _____

2. ¿Qué consejo les darías a los jóvenes que hoy se enfrentan a la presión de tener que seguir la corriente de sus compañeros?

   _____
   _____
   _____
   _____

MÁS REFLEXIONES PARA LA SEMANA

La esperanza de toda madre es criar hijos seguros de sí mismos. La alegría de todos los padres es saber que han criado a un hijo que no sucumbe a la presión de hacer algo que no quiere hacer. Ese niño tiene esas convicciones porque su madre se ha enfrentado a pruebas y presiones similares. El mismo Dios que estuvo contigo, estará con tu hijo. Si eres madre, o alguien que enseña o guía a otros, mientras lees, no pienses solo en prepararte *a ti misma* para la victoria frente a los hornos ardientes; piensa, también, en cómo puedes preparar a tus hijos o alumnos para su propia victoria.

SEMANA 43
SU MISERICORDIA PERDURA

LECTURAS DIARIAS

Día 1: Salmos 136-142

Día 2: Salmos 143-150

Día 3: Romanos 1-4

Día 4: Romanos 5-8

Día 5: Romanos 9-12

Día 6: Romanos 13-16

Día 7: Ponte al día con las lecturas que te hayas perdido.

EN EL SALMO 136, David escribe un canto de agradecimiento e insta a sus fieles a honrar a Dios, y a agradecerle siempre por Su bondad y misericordia hacia nosotros. David recuerda al Dios que lo protegió, lo proveyó y lo perdonó en muchas ocasiones, y escribe una canción en Su honor, porque le mostró misericordia, una y otra vez. David también cuenta cómo Dios se acordó y liberó a los hijos de Israel de las manos del faraón. Por eso dijo que la misericordia de Dios aún perdura.

Muchas de nosotras podríamos cantar esta misma canción todos los días, al recordar lo bueno y misericordioso que Dios ha sido con nosotras a lo largo de los años; cuando pensamos en cómo ayudó a una madre soltera a criar con éxito a sus hijos, cómo te permitió volver a estudiar y obtener tu título o cómo te favoreció con un hogar cómodo. Puedes alabar a Dios sinceramente porque Su misericordia ha permanecido en tu vida.

¡Hay muchas cosas de las que podríamos quejarnos! Y, sin embargo, Dios ha sido bueno con nosotras. Estamos vivas. Todavía podemos inhalar y exhalar. Es motivo suficiente para estar agradecidas. David nos deja en claro que, al recordar todas las cosas que Dios ha hecho, debemos darle gracias. No solo por las grandes cosas, como un aumento de sueldo o un coche nuevo. Agradece por todo; por el sol, la luna y las estrellas.

De acuerdo con David, debemos estar agradecidas porque la misericordia de Dios es eterna, y él sabía todo sobre la misericordia de Dios. David fue un hombre adúltero que se acostó con una mujer casada, e hizo que mataran a su marido en el frente de batalla. Pero, aun así, Dios lo favoreció y lo ungió. Dios tuvo piedad de él y lo perdonó. Como David, muchas de nosotras hemos sido testigos de la misericordia de Dios. Él, continuamente, mira más allá de nuestros defectos. Tuvo piedad de nosotras y no nos dejó de lado. Por eso, David dice que debemos estar agradecidas.

No importa dónde te encuentres en la vida, no importa lo que ocurra a tu alrededor, siempre tienes un motivo para estar agradecida. Agradece que, más allá todo, Dios nos ama. Agradece que nos ha protegido, provisto y perdonado, una y otra vez. Agradece que Su misericordia perdura por siempre.

PUNTOS PARA LA REFLEXIÓN

1. ¿Cuál es tu definición personal de misericordia?
   _____
   _____

2. Si tuvieras que nombrar tres cosas por las que estás agradecida, que *no* hayan tenido que ver con dinero, ¿cuáles serían?
   _____
   _____

3. ¿Admites haber estado alguna vez en una situación en la que fuiste ingrata o que no supiste dar las gracias? Explícalo.
   _____
   _____

ACCIONES DE LA SEMANA

Comienza a hacer una lista de al menos tres cosas por las que estás agradecida y dedica parte de tu tiempo de oración diaria al agradecimiento. Añade tres cosas más a tu lista cada día. Al final de la semana, tu tiempo de oración debería estar más lleno de agradecimientos que de peticiones.

SEMANA 44
DIOS TE RECOMPENSA

LECTURAS DIARIAS

Día 1: Oseas 1-5

Día 2: Oseas 6-10

Día 3: Oseas 11-14

Día 4: Joel 1-3

Día 5: Amós 1-5

Día 6: Amós 6-9

Día 7: Ponte al día con las lecturas que te hayas perdido.

EN JOEL 2:25, DIOS DICE: "Yo los compensaré a ustedes por los años en que todo lo devoró ese gran ejército de langostas que envié contra ustedes: las grandes, las pequeñas, las jóvenes y los saltamontes". En este texto, Dios extiende su gracia a los hijos de Judá. Habían salido de una hambruna en la que todos sus recursos fueron devorados. Habían atravesado un ciclo de pérdidas. Y Dios lo permitió porque habían actuado fuera de Su voluntad. Entonces, Dios les dijo: *Les devuelvo todo lo que perdieron. Yo hice que se lo quitaran, pero se lo devuelvo.*

Debemos recordar que, cuando las langostas devoraron todo, la nación de Judá no tenía medios para sobrevivir. Deberían haber muerto. Pero Dios había planeado realizar un milagro. Entonces, desafió las probabilidades y les devolvió la vida.

En el versículo siguiente, Dios le dice a Judá: "Ustedes comerán en abundancia, hasta saciarse, y alabarán el nombre del Señor su Dios, que hará maravillas por ustedes". En otras palabras, *lo que vas a recibir será tan satisfactorio que sabrás que viene de Dios*. Han sucedido cosas en nuestras vidas que pensábamos que nos destruirían. Nuestras finanzas se deterioraron o nuestra familia atravesó una crisis tras otra. Pero Dios tiene un plan y, en la etapa siguiente, podrás ver cómo se desarrolla ese plan. Debes tener en claro la etapa en la que te encuentras, para poder apreciar la etapa siguiente.

Sé que has sufrido, pero Dios va a compensarte, y te pondrá en posición de recibr más de lo que pudiste haber perdido por las langostas. Sí, es frustrante, pero no te sientas abatida, ¡mira cómo Dios te lo compensa! Piensa en todo lo que aprendiste durante el proceso. Los desafíos no fueron enviados para desanimarte; fueron enviados para que madures, espiritual y emocionalmente. Fueron enviados para llamar tu atención e impulsarte hacia la próxima etapa. Dios permitió las pérdidas para hacerle lugar a lo que está por venir. Las pérdidas fueron enormes, pero la recompensa de Dios hará que valgan la pena.

PUNTOS PARA LA REFLEXIÓN

1. Piensa en una de las mayores pérdidas que hayas tenido que soportar. ¿Cómo lo manejaste?

   _____
   _____

2. ¿Aprendiste alguna lección valiosa durante esa etapa? ¿Qué aprendiste?

   _____
   _____

3. Después de tu pérdida, ¿puedes ver la mano de Dios actuando de alguna manera? Si es así, ¿de qué manera? ¿Cuál fue tu beneficio?

   _____
   _____

VERSÍCULO DE LA SEMANA

Dios declara: "Yo los compensaré por los años en que todo lo devoró ese gran ejército de langostas que envié contra ustedes. Las grandes, las pequeñas, las jóvenes y los saltamontes. Comerán en abundancia, hasta saciarse, y alabarán el nombre del Señor su Dios, que hará maravillas por ustedes ¡Nunca más será avergonzado mi pueblo! Entonces sabrán que yo estoy en medio de Israel, que yo soy el Señor su Dios y no hay otro fuera de mí. ¡Nunca más será avergonzado mi pueblo!". ▸ **Joel 2:25–27**

SEMANA 45
ESPERAR EN DIOS

LECTURAS DIARIAS

- Día 1: Abdías 1
- Día 2: Jonás 1-4
- Día 3: Miqueas 1-4
- Día 4: Miqueas 5-7
- Día 5: Nahúm 1-3
- **Día 6: Habacuc 1-3**
- Día 7: Ponte al día con las lecturas que te hayas perdido.

ES MÁS FÁCIL DECIR QUE ESPERARÁS que hacerlo. Y esperar a Dios es especialmente difícil. A veces, Sus respuestas son inmediatas; a veces, se toma Su tiempo. A veces, permite que pases por un proceso. Su tiempo es algo que no podemos controlar. Solo podemos esperar hasta que Él actúe.

En Habacuc 1, un profeta necesitaba desesperadamente oír a Dios. Vio la destrucción de Judá y le pidió ayuda a Dios. Al principio, parecía que Dios no le respondía o que ni siquiera lo escuchaba. Pero Habacuc continuó clamando por Su guía. ¿Hubo algo en tu vida por lo que hayas orado seriamente y buscado a Dios, pero aún no obtuviste una respuesta?

En el texto, Habacuc le plantea a Dios dos preguntas muy pertinentes: "¿Por cuánto tiempo?" y "¿Por qué?" Él pregunta: *¿Por cuánto tiempo debería pedir por tu ayuda hasta que me respondas?, ¿por cuánto tiempo tengo que soportar a estas personas malvadas?* Mujeres, es posible que se hagan las mismas preguntas, una y otra vez: *¿por qué sigo soltera?; ¿podré alcanzar la estabilidad económica?; alguna vez, ¿mis hijos me escucharán?*

¿Qué hacemos cuando sentimos que Dios tarda demasiado en responder? A veces, nos rendimos. A veces, nos conformamos con menos. A veces, nos hacemos cargo de todo. Cada vez que actuamos de esta forma, nos quitamos la posibilidad de recibir la verdadera bendición que Él ha reservado para nosotras. Debemos aprender a esperar y a confiar en el plan y en los tiempos de Dios. Él nos conoce mejor que nosotras mismas. Sabe para lo que estamos preparadas y sabe cuándo necesitamos un poco más de tiempo para prepararnos. Sabe en qué necesitamos crecer y en qué necesitamos un poco más de disciplina. Nos conviene esperar, porque si esperamos a Dios, Él se asegurará de que todas las piezas encajen perfectamente. La espera valdrá la pena.

PUNTOS PARA LA REFLEXIÓN

1. Recuerda un momento en tu vida en el que rezaste para que Dios respondiera, pero no lo hizo como lo esperabas. ¿Cómo reaccionaste?

   _____
   _____
   _____
   _____

2. Hoy, ¿existe algo en tu vida por lo que estés rezando y que Dios no haya respondido? ¿Cuánto tiempo has esperado una respuesta? ¿Qué harás ahora?

---

3. Cuando Dios no responde, ¿cómo manejas normalmente su silencio?

MÁS REFLEXIONES PARA LA SEMANA

En el texto, existe una razón por la que Dios retrasa su respuesta. Judá era el pueblo de Dios, pero tenían un rey malvado que los hizo pecar (2 Reyes 23:36-37). Dios debía corregir a Judá por sus malas acciones y utilizó a los babilonios para hacerlo. En el libro de Habacuc, el profeta se presenta ante el Señor en representación del pueblo. No sabemos cuánto tiempo estuvo clamando por Dios, pero, cuando Dios se pronunció, probablemente no fue lo que Habacuc quería oír. Le dijo al profeta que iba a permitir que los babilonios asaltaran la tierra y libraran una guerra contra Judá. Aunque Dios no le respondió al profeta de la manera y en el momento que él esperaba, seguía pronunciándose y actuando.

SEMANA 46
GRACIAS A DIOS POR LA GRACIA

LECTURAS DIARIAS

- Día 1: 1 Corintios 1-4
- Día 2: 1 Corintios 5-8
- Día 3: 1 Corintios 9-12
- Día 4: 1 Corintios 13-16
- Día 5: 2 Corintios 1-6
- **Día 6: 2 Corintios 7-13**
- Día 7: Ponte al día con las lecturas que te hayas perdido.

EN 2 CORINTIOS 12, Pablo nos cuenta cómo se siente tener la gracia de Dios. Pablo fue, alguna vez, perseguidor de la Iglesia, hasta que Dios cambió su vida y lo convirtió en apóstol. En el capítulo 11, Pablo relata las pruebas que enfrentó como predicador del Evangelio. Lo encarcelaron, lo castigaron con 39 azotes e, incluso, en una ocasión, lo apedrearon. Naufragó tres veces y lo dieron por muerto en el mar. Pero, a pesar de haber pasado por todas esas pruebas, estas no eran nada comparadas con su crisis actual. Estaba claro que la crisis era grave, pero él no decía cuál era. Quizá era algo que le causaba vergüenza y humillación. Tal vez era algo que había arruinado su reputación en la iglesia. Sea lo que sea, él decía que era una espina en su carne. No importaba cuánto rezara, Dios no se la quitaba.

¿Qué es lo que te molesta mucho que no se va y que Dios no te ha quitado? ¿Por qué motivo has rezado, y sientes que Dios no te ha aliviado? ¿Qué es lo que te hace llorar y no puedes entender por qué sigues lidiando con ello? ¿Cuál es tu espina? Para algunas, los problemas con los hijos son su espina. Para otras, su trabajo. Tal vez tu soltería, tu matrimonio o tu situación económica son tu espina. Sea lo que fuere, has rezado y llorado, pero no consigues encontrar la paz. Es doloroso. Es frustrante. Te está drenando la vida.

Así es justamente como Pablo se sentía. Por mucho que rezara, Dios no le quitaba la espina. Lo único que Dios haría por Pablo era extenderle su gracia. Pablo cuenta que, cada vez que le pedía al Señor que se la quitara, Dios le respondía: "Te basta con mi gracia" (2 Corintios 12:9). Algunas de nosotras le hemos rogado a Dios que nos ayude, o que nos quite una carga en particular, y la única respuesta que hemos recibido es que Su gracia es suficiente. Incluso cuando duele, Su gracia tiene que ser suficiente. Quieres que tu prueba se termine, pero la Palabra del Señor para ti es esta: Su gracia es suficiente.

Por la gracia de Dios, te verás fortalecida, cuando probablemente deberías estar derrumbándote. Te reirás de lo que te hacía llorar. Si por la gracia de Dios tienes un techo, comida en la mesa y muchas otras bendiciones con las que Él te colma diariamente, ¡agradécele a Dios por Su gracia!

PUNTOS PARA LA REFLEXIÓN

1. ¿Cómo definirías la gracia de Dios?
   _____
   _____
   _____
   _____

2. ¿Tienes una espina en tu clavada? ¿Cuál es tu espina?

_____

_____

_____

_____

3. ¿Qué haces cuando has rezado y Dios no responde como quisieras? ¿Cómo lo manejas?

_____

_____

_____

_____

ESTA ES MI ORACIÓN

Querido Dios:
Por favor, ayúdame a aceptar las cosas que no puedo cambiar. Ayúdame a aceptar Tu voluntad en cada aspecto de mi vida. Confío en Tu Palabra, que cuando me siento débil, es cuando soy más fuerte, porque solo en Ti confío para que me fortalezcas. Entiendo que Tu gracia es suficiente; por lo tanto, confío en Tu gracia para cuidarme y sostenerme en los días, semanas y meses venideros. En el nombre de Jesús, amén.

SEMANA 47
ESPERARLO, VERLO, LOGRARLO

LECTURAS DIARIAS

- Día 1: Sofonías 1-3
- **Día 2: Hageo 1-2**
- Día 3: Sofonías 1-5
- Día 4: Zacarías 6-10
- Día 5: Zacarías 11-14
- Día 6: Malaquías 1-4
- Día 7: Ponte al día con las lecturas que te hayas perdido.

HABLEMOS UN POCO de las expectativas. Una mujer embarazada sabe que hay una vida creciendo dentro de ella. Sabe que, en el momento justo, lo que espera llegará. No tiene duda alguna porque ve y siente el desarrollo. Su cuerpo cambió, su mente cambió y, a medida que pasa el tiempo, su nivel de expectativas cambió, porque sabe que el nacimiento se producirá un día y que su vida cambiará para siempre.

Nosotras también debemos ser así. Si deseamos alcanzar cosas grandiosas, nuestras expectativas deben crecer, a tal punto, que sepamos que Dios nos ayudará a lograr lo que no podemos comprender o imaginar. Tal vez ni te imagines todo lo que Dios tiene reservado para ti, pero debes esperar que Él haga grandes cosas a través de ti. De hecho, deberías creértelo hasta el punto de imaginártelo antes de verlo. Deberías imaginártelo y, luego, estar preparada para lograr esos objetivos.

Éste es el mensaje que Dios quiere transmitirle a la nación de Judá en el libro de Hageo. Habían llegado a un punto en el que estaban preparados para progresar. Habían reconstruido un templo, pero temían que no igualara la belleza del anterior. Cuando Salomón construyó el primer templo, no escatimó en materiales ni en mano de obra. Lo que veían ante ellos, no tenía el esplendor de lo que habían visto antes. Estaban comparando su presente con su pasado.

A veces, nos sucede lo mismo. Nos podemos sentir limitadas por nuestra edad, por nuestro género, por nuestras cualidades físicas y un largo etcétera. Nos fijamos en nuestros defectos y no podemos vernos en un nivel superior. Nos comparamos con lo que vemos en la televisión o en las redes sociales. Comparamos y evaluamos nuestros dones y capacidades con las de los demás. No nos creemos hermosas o lo suficientemente educadas. Dudamos de nuestras capacidades y nos limitamos porque creemos que no estamos a la altura.

Por favor, anímense y tengan la seguridad de que no hay nada que no puedan lograr, si Dios está con ustedes. Deben estar

ESPERARLO, VERLO, LOGRARLO

dispuestas a trabajar, a esforzarse para alcanzar esa posición ministerial, ese cargo público o el siguiente nivel profesional en sus carreras. Tal como Dios se lo prometió a Hageo, Él va a estar contigo en cada paso que des. Debes saber, querida hermana, que hay más para ti que lo que parece. Dios hará obras maravillosas a través de la grandeza que hay en ti. No te compares con los demás. Eres exactamente quien Dios quiere que seas. Solo prepárate para que Él haga cosas aún más grandiosas a través de ti. Espéralo, imagínatelo y lo lograrás.

PUNTOS PARA LA REFLEXIÓN

1. ¿Cómo te consideras: normal, genial o ninguna de las dos? ¿Por qué?

   _____
   _____
   _____
   _____

2. ¿Tienes grandes expectativas para ti, tu familia o tu carrera? Si es así, ¿cuáles son tus expectativas? Si no lo es, ¿por qué?

   _____
   _____
   _____
   _____

3. ¿Alguna vez comparaste tus capacidades con las de los demás? ¿De qué manera eso te ayudó o te bloqueó?

_____

_____

_____

_____

ESTA ES MI ORACIÓN

Querido Dios:
Reconozco que Tú eres el Señor. Tú eres el Señor de mi pasado, presente y futuro. Confío en Tus planes para mí. Confío en que Tú sabes lo que es mejor para mí. No permitas que me distraiga o me bloquee de ninguna manera, sino que, ayúdame a tener entusiasmo y expectativas por los planes que Tú tienes para mi futuro. Ayúdame a verme como Tú me ves. Porque eres un gran Dios y espero que hagas grandes cosas a través de mí. En el nombre de Jesús, amén.

SEMANA 48
REGRESAR ADONDE ESTABA

LECTURAS DIARIAS

- Día 1: Esdras 1-5
- Día 2: Esdras 6-10
- Día 3: Nehemías 1-3
- **Día 4: Nehemías 4-7**
- Día 5: Nehemías 8-10
- Día 6: Nehemías 11-13
- Día 7: Ponte al día con las lecturas que te hayas perdido.

EL LIBRO DE NEHEMÍAS surge tras el regreso de los judíos a Jerusalén, luego de que terminara el exilio babilónico. Mientras cientos de hombres reconstruían la muralla que rodeaba a Jerusalén, y se protegían de los ataques de sus enemigos, su vida familiar estaba en riesgo: una hambruna había golpeado tan fuerte, que tuvieron que hipotecar sus tierras solo para conseguir comida para sus familias. El problema era que, los nobles y los funcionarios que les prestaban el dinero, les cobraban un interés tan alto, que muchos de ellos tenían que vender a sus hijos como esclavos para pagar la deuda.

Pasan cosas en tu vida, incluso si estás haciendo el trabajo del Señor. El enemigo los alcanzó de una manera u otra. Atacó a sus familias. Así es el enemigo. Si no lo puede conseguir de una manera, lo conseguirá de otra. La clave está en cómo manejas el ataque.

Nehemías 5:1 relata que hubo una protesta y que los hombres y sus esposas comenzaron a compartir sus problemas con Nehemías. Se preocupaban demasiado por sus familias y sus hogares como para luchar en su nombre. No tenían miedo de contarle a Nehemías sus necesidades. No se limitaron a aceptar lo que estaba pasando. Le habían dedicado mucho tiempo a ese muro por el bien de todos; con seguridad, eso tenía que valer para algo. Así que se atrevieron a decir la verdad y a pedir lo que parecía complejo.

Todas hemos de llegar al punto de tener que decir la verdad y de dejar de escondernos tras una máscara. Si te han lastimado, dilo. Si te cuesta llegar a fin de mes, dilo. Sé sincera contigo misma y con Dios. Muchas de nosotras nos desviamos del camino y perdimos el objetivo. Muchas de nosotras nos dejamos llevar por distintas direcciones y perdimos algo de nosotras mismas. Perdimos el entusiasmo. Perdimos un poco de nuestra paz. Tal vez, hasta perdimos el deseo de continuar. Ahora, sé sincera y dile a Dios lo que quieres. Dile lo que deseas de corazón. No temas pedirle a Dios lo que parece complicado. Santiago 4:2 dice: "No tienen, porque no piden" (NVI). Si deseamos alcanzar algo, no podemos tener miedo de pedirlo. Dios quiere recuperar nuestras vidas, pero debemos sincerarnos y confiar en que el poder de Dios hará lo que ningún otro poder podría hacer.

PUNTOS PARA LA REFLEXIÓN

1. La vida es compleja para todas, pero ¿hay algo personal que se te escapó de las manos mientras te ocupabas de los demás?

___

___

___

___

2. Cuando sientes que eres víctima de un ataque espiritual, ¿cómo lo manejas? ¿Con quién lo hablas?

___

___

___

___

3. Si hubiera algo que pudieras pedirle a Dios para recuperar en tu vida, ¿qué sería? ¿Por qué?

___

___

___

___

VERSÍCULO DE LA SEMANA

"Yo les ruego que les devuelvan campos, viñedos, olivares y casas, y también el uno por ciento de la plata, del trigo, del vino y del aceite que ustedes les exigen".

"Está bien —respondieron ellos—, haremos todo lo que nos has pedido. Se lo devolveremos todo, sin exigirles nada. Haremos lo que dices". Entonces llamé a los sacerdotes y, ante estos, les hice jurar que cumplirían su promesa. ▶ Nehemías 5:11–12

SEMANA 49
¡INTÉNTALO!

LECTURAS DIARIAS

- Día 1: Gálatas 1-6
- Día 2: Efesios 1-6
- **Día 3: Filipenses 1-4**
- Día 4: Colosenses 1-4
- Día 5: 1 Tesalonicenses 1-5
- Día 6: 2 Tesalonicenses 1-3
- Día 7: Ponte al día con las lecturas que te hayas perdido.

CREO QUE PUEDO ASEGURAR que, a menudo, somos nuestras peores enemigas. Podemos convencernos de cualquier cosa. Rápidamente, encontramos una excusa por la que no podríamos hacer algo o ir a algún lugar. Podemos dejarnos vencer por nuestras inseguridades y carencias. Pero, a veces, deberíamos dejar nuestros miedos y ansiedades en segundo plano y, simplemente, ¡intentarlo! Intenta alcanzar tus sueños de un hogar o tu objetivo de negocios. No te conformes con lo que tienes, ¡inténtalo!

En Filipenses 3:12, Pablo escribe sobre cómo decidió cuál sería el próximo paso en su vida. Se dio cuenta de que no había alcanzado el destino que soñaba. No había cumplido todo lo que Dios le había encomendado. Aunque había recorrido un largo camino, aún le quedaba mucho por recorrer. Así que dijo que dejaría el pasado atrás y seguiría adelante (Filipenses 3:13). Que lo intentaría.

Pablo era un hombre muy inteligente. Se dio cuenta de que su pasado no lo definía. Se dio cuenta de que no podía estancarse en todo lo que había hecho en el pasado. No le servía de nada desviarse por los enemigos que había hecho, pero, del mismo modo, tampoco podía obsesionarse con sus logros. Comprendió que no se trataba de dónde estaba o dónde había estado. Se trataba de hacia donde se dirigía.

Debemos aprender de la experiencia de Pablo y admitir que, a veces, nos abruman los pensamientos del pasado. Podemos quedarnos atrapados en lo que sucedió alguna vez. No avanzamos con nuestras carreras, o en nuestras relaciones con la familia y los amigos, porque estamos demasiado ocupados lamentándonos por heridas del pasado. Sin embargo, este próximo paso no tiene que ver con el pasado. No tiene que ver con los errores. Sino con hacia dónde te diriges.

Tenemos potencial para hacer grandes cosas. Hay algo más grande de lo que puedes ver o comprender ahora. Cuando Dios comienza a revelar Su plan, no podemos dudar. Debemos estar preparadas para intentarlo. Así que no te detengas en tu pasado. No permitas que tus miedos te frenen. Hay personas designadas a tu vida que esperan lo que vendrá a través de ti. Así que se terminaron los retrasos, las excusas y las distracciones. ¡Solo inténtalo!

PUNTOS PARA LA REFLEXIÓN

1. ¿De qué objetivo o sueño te has disuadido a ti misma y por qué?

_____
_____
_____
_____

2. ¿Qué grupo de personas tienes designado en tu vida? ¿Cuál es el modo más importante en el que afectas sus vidas?

_____
_____
_____
_____

3. ¿Cómo ha influido o afectado tu pasado en tu posible futuro?

_____
_____
_____
_____

ACCIONES DE LA SEMANA

1. Escribe una lista, de al menos tres objetivos o sueños, e intenta conseguir una viva imagen de ellos.

2. Empieza a trabajar en una estrategia para que esos sueños y objetivos se hagan realidad.

3. Escribe una lista de obstáculos que manifestarás a diario (por ejemplo, miedo, duda, pereza) hasta que dejen de ser una parte importante de tu vida.

SEMANA 50
APROVECHA TU DON

LECTURAS DIARIAS

- Día 1: 1 Timoteo 1-6
- Día 2: 2 Timoteo 1-4
- Día 3: Tito 1-3
- Día 4: Filemón 1
- **Día 5: 1 Pedro 1-5**
- Día 6: 2 Pedro 1-3
- Día 7: Ponte al día con las lecturas que te hayas perdido.

TODO EN LA VIDA tiene un propósito. Todos en este planeta nacimos con y para un propósito. En su libro, *En busca del propósito*, Myles Munroe afirma que "sin propósito, la vida no tiene sentido". Dice que "cuando falta el propósito, el tiempo no tiene sentido, la energía no tiene razón y la vida no tiene precisión". Por lo tanto, es vital que sepamos cuál es nuestro propósito para que nuestras vidas sean plenas y completas.

En el cuerpo de Cristo, cada persona y cada don desempeña un papel. He descubierto que la mejor manera de encontrar tu propósito es usando tus dones. A veces haces cosas tan naturalmente, que no parecen un don para ti, pero todas fuimos dotadas de algo especial. En Romanos 12:6-8, Pablo lo dijo así: "Dios, en su gracia, nos ha dado dones diferentes para hacer bien determinadas cosas… Si tu don es servir a los demás, sírvelos bien. Si eres docente, enseña bien. Si tu don consiste en animar a otros, anímalos. Si tu don es dar, hazlo con generosidad". En otras palabras, sea cual fuere el don que Dios te ha dado, úsalo con gusto, lo mejor que puedas y para la gloria de Dios.

Dios nos equipa y capacita con las herramientas necesarias para llevar a cabo Su plan y completar el propósito que Él ha diseñado para nuestras vidas. A veces, damos por sentadas muchas cosas que parecen sencillas. Lo creas o no, esas cosas sencillas que nos tomamos a la ligera, o que no vemos como un don, son las que animan, ayudan y le agregan valor a la vida de los demás. ¿De qué estoy hablando? Pedro dijo que, primero, debemos amarnos los unos a los otros, luego, ser hospitalarios los unos con los otros, luego, usar nuestros dones para servirnos los unos a los otros. Pueden parecer actos de bondad comunes y corrientes, pero son el propósito de quienes los hacen.

Todas tenemos una habilidad que solo puede venir de Dios y que es la base de nuestro propósito en el mundo. Hagas lo que hagas, debes saber que Dios te dará la fuerza y la habilidad para lograrlo. Puede que no tengas el mismo talento que otros. Pero, querida hermana, nunca dudes de que eres necesaria. Tú y todo tu

APROVECHA TU DON   **175**

aporte forman parte del propósito divino de Dios. Tus dones, tu hermosa sonrisa, el amor que das, tu bondad genuina y tu hospitalidad, todo es para Su propósito divino.

PUNTOS PARA LA REFLEXIÓN

1. ¿Ya descubriste en qué te destacas? ¿Cuáles son tus dones?

2. ¿Sabes cuál es tu propósito en la vida? ¿Cuál es?

3. ¿Recuerdas alguna situación que haya contribuido a que se manifieste tu propósito?

VERSÍCULO DE LA SEMANA

Dios, de su gran variedad de dones espirituales, les ha dado un don a cada uno de ustedes. Úsenlos bien para servirse los unos a los otros. ¿Has recibido el don de hablar en público? Entonces, habla como si Dios mismo estuviera hablando por medio de ti. ¿Has recibido el don de ayudar a otros? Ayúdalos con toda la fuerza y la energía que Dios te da. Así, cada cosa que hagan traerá gloria a Dios por medio de Jesucristo. ¡A él sea toda la gloria y todo el poder, por siempre y para siempre! Amén. ▸ 1 Pedro 4:10–11

SEMANA 51
SI LO AMAS, DEMUÉSTRALO

LECTURAS DIARIAS

Día 1: Hebreos 1-7

Día 2: Hebreos 8-13

Día 3: Santiago 1-5

Día 4: 1 Juan 1-5

Día 5: 2 Juan 1, 3 Juan 1

Día 6: Judas 1

Día 7: Ponte al día con las lecturas que te hayas perdido.

EN SU LIBRO *Los 5 lenguajes del amor*, Gary Chapman explica que todo el mundo tiene un "lenguaje del amor" específico con el que expresa su amor e interpreta la forma de demostrarle amor a los demás. Algunas necesitamos tiempo de calidad; otras, sentir el contacto del otro. Algunas necesitan palabras de afirmación, a otras les encanta recibir regalos y, a otras, nos entusiasman los actos serviciales como cortar el césped o recoger la ropa de la lavandería. *Ágape*—palabra griega que designa la forma más elevada de amor, el que Dios nos ofrece--, nos permite amar incluso cuando no nos sentimos amadas. Cuando sentimos amor en la forma de *ágape*, les damos a los demás, aunque no recibamos nada a cambio. Mostramos amabilidad, a pesar de no recibirla. Amamos a los demás, incluso cuando ese amor no es recíproco. No siempre es fácil, pero podemos hacerlo con la ayuda del Espíritu Santo y el amor de Dios que llevamos dentro.

Por ejemplo, decimos que amamos a Dios, pero no siempre lo demostramos, quizá porque damos por sentado que Él conoce nuestros corazones. Así es, Él conoce nuestros pensamientos e intenciones, pero es Su deseo que lo demostremos. Si decimos que lo amamos, quiere que lo comprobemos. ¿Acaso no es eso lo que hizo cuando envió a su Hijo a morir por nuestros pecados? No, no quiere que entreguemos a nuestro primogénito, pero hay cosas que podemos hacer para demostrar nuestro amor por Él.

En 1 Juan 4, Juan destaca a sus lectores este sentimiento. Si decimos que amamos a Dios, debemos hacer más que solo decirlo; debemos demostrarlo con nuestras acciones. El amor no es sólo un sentimiento; es una acción. Y tenemos que demostrar el amor que sentimos por Dios de forma tangible, amando y

sirviendo a los demás. En otras palabras, nuestro amor por Dios se manifiesta a través de nuestras acciones hacia los demás.

Juan nos dice que una manera de demostrar que amamos al Padre es amar también a sus hijos. Recuerda que es Él quien determina quiénes son los demás "miembros de nuestra familia", no nosotros. Simplemente, somos convocadas a aceptarlos y amarlos como a Dios. No debemos juzgar si son Sus hijos o no. Ya sea que se parezcan a nosotras, o no, o que actúen como nosotras, o no, tenemos que mostrarles amor, porque forman parte de la familia de Dios. Si amas a Dios, demuéstralo amando también a sus hijos.

PUNTOS PARA LA REFLEXIÓN

1. ¿Cuál es tu lenguaje del amor?

2. ¿Te resulta difícil o fácil demostrar tu amor si no te lo demuestran a ti?

3. ¿Cómo le has demostrado tu amor a Dios últimamente?

VERSÍCULO DE LA SEMANA

"Si alguien dice: 'Yo amo a Dios', pero odia a su hermano, es un mentiroso; pues el que no ama a su hermano, a quien ha visto, no puede amar a Dios, a quien no ha visto". ▶ **1 Juan 4:20 (ESV)**

SEMANA 52
ACCESO CONCEDIDO

LECTURAS DIARIAS

Día 1: Apocalipsis 1-3

Día 2: Apocalipsis 4-7

Día 3: Apocalipsis 8-11

Día 4: Apocalipsis 12-15

Día 5: Apocalipsis 16-19

Día 6: Apocalipsis 20-22

Día 7: Ponte al día con las lecturas que te hayas perdido.

EN APOCALIPSIS 3:8, Juan le habló a la iglesia de Filadelfia y citó a Jesús diciendo: "Conozco tus obras. Mira que delante de ti he dejado abierta una puerta que nadie puede cerrar". En otras palabras: *te he dado acceso. Permití que reivindiques lo que te prometieron.* Pero ¿por qué Filadelfia? De las siete iglesias de Asia Menor, ¿por qué fue ésta la única que no recibió una reprimenda en el Apocalipsis? En lugar de eso, recibieron una bendición.

Sucede que esta iglesia tenía un nivel de compromiso que las otras iglesias no tenían. Gracias a su fidelidad, y porque lograron alcanzar a los extraviados, Dios les dio un acceso que nadie podía negarles. Pero antes de hablarles del acceso concedido, se presentó como "el santo y verdadero, el que tiene la llave de David. Lo que Él abre, nadie lo puede cerrar; y lo que Él cierra, nadie lo puede abrir" (Apocalipsis 3:7). Dios tiene las llaves de la muerte, del infierno y de la tumba (por no mencionar las llaves del reino); ahora, declara ante la iglesia que tiene las llaves de nuestro futuro, de nuestras finanzas y de nuestras carreras. Es una bendición saber quién las tiene.

Estamos muy ocupadas tratando de hacer las conexiones adecuadas o de golpear las puertas correctas. Pero al fin y al cabo, solo Dios es el poseedor de las llaves y nadie más. Cuando le somos fieles a Dios, Él nos es fiel a nosotras. Él es el Dios que te nombrará ante las personas adecuadas o te hará favores en los lugares menos esperados. Si alguien intenta cerrar las puertas que Él ha abierto, no podrá porque Él tiene las llaves. Tiene el poder de abrir las puertas que ningún ser humano puede cerrar y de cerrar puertas que ningún ser humano puede abrir.

Pero habrá algunas puertas que Dios no te abrirá porque no encajan en Su plan. Porque la puerta que Él ha preparado es una mejor opción para ti. Así que no desistas cuando las puertas empiezan a cerrarse. Emociónate, porque nuestro Dios nos ha dado acceso a lo que la vista no alcanzó a ver, y a lo que los oídos no han podido escuchar. Emociónate con la puerta que Él *te ha* abierto, esa puerta que es mucho más grande de lo que podamos imaginar.

PUNTOS PARA LA REFLEXIÓN

1. ¿Te lamentaste, alguna vez, por una puerta que te parecía cerrada? ¿De alguna forma, pudiste ver a Dios allí?

2. Si tuvieras la opción de obtener las llaves para entrar por cualquier puerta que desearas, ¿a qué puerta querrías acceder (a la de la sanación, a la de la libertad financiera, a la de tu carrera profesional)?

   _____
   _____
   _____
   _____

3. Si pudieras cerrar permanentemente una puerta, ¿cuál elegirías (la del trabajo, la de una relación, la del pasado)? ¿Por qué?

   _____
   _____
   _____
   _____

VERSÍCULO DE LA SEMANA

Escribe esta carta al ángel de la iglesia de Filadelfia:

Esto dice el Santo, el Verdadero, el que tiene la llave de David. Lo que Él abre, nadie lo puede cerrar; y lo que Él cierra, nadie lo puede abrir.
   Conozco tus obras. Mira que delante de ti he dejado abierta una puerta que nadie puede cerrar. Ya sé que tus fuerzas son pocas, pero has obedecido mi palabra y no has renegado de mi nombre. ▶ **Apocalipsis 3:7–8**

GUÍA DE ESTUDIO EN GRUPO

1. Recorre la sala y permite que cada persona comparta su capítulo o versículo favorito de la lectura de la semana.
2. ¿Cómo interpretas este texto en particular? ¿Cómo interpretas lo que dice su autor?
3. ¿Existen otras escrituras que complementen este texto?
4. Al leer el texto, ¿ves más del amor de Dios, de Su misericordia o de Su ira? Explícalo.
5. ¿Cómo se puede aplicar este texto a tu vida?
6. ¿Te identificas con algún personaje del texto? ¿Te ves reflejada de alguna manera en este texto?
7. Luego de leer el comentario semanal, ¿harás algo de manera diferente para seguir adelante?
8. ¿De qué forma las lecturas de esta semana te animaron a hacer algo mejor y a ser mejor?
9. Después de leer la Escritura y el comentario, ¿qué principios has adquirido que puedas enseñar a otros?
10. Al terminar la lectura, dedica un momento a animar a la persona sentada a tu lado basándote en algo que hayas leído en el texto.

RECURSOS

"Un método por etapas sencillo para estudiar la Biblia"
Mary Fairchild
Este es un gran método de siete etapas para estudiar la Biblia. Puede tu acceder al artículo en línea en https://www.learnreligions.com/how-to-study-the-bible-700238 (en inglés).

Biblia de estudio del diario vivir | NTV
Esta Biblia es muy fácil de entender y su lectura solo hace que quieras leer más. La Escritura en sí es la Nueva Traducción Viviente, que utiliza un tono y un vocabulario que resultan familiares a los lectores modernos. Las notas ayudan al lector a comprender la cultura y las tradiciones de la época bíblica.

Comentario Bíblico HarperCollins, Edición Revisada (en inglés)
James L. Mays (ed.)
Este comentario ofrece una asombrosa visión e interpretación del texto bíblico. Es una buena fuente cuando se desea un comentario general sobre cada uno de los libros de la Biblia.

Biblia de Estudio HarperCollins (en inglés)
Revisada y actualizada por Harold W. Attridge
Esta Biblia nos ofrece un gran panorama y datos históricos. Contiene, además, comentarios propios para que el lector entienda mejor lo que lee.

NKJV Biblia de Estudio para la Mujer: Recibir la verdad de Dios para lograr el equilibrio, la esperanza y la transformación
Dorothy Kelley Patterson y Rhonda Harrington Kelley (eds.)
En esta Biblia de estudio para mujeres, encontrarás características que han sido diseñadas para hablarle al corazón de una mujer. Además, contiene contribuciones de mujeres líderes de diversos orígenes étnicos, confesionales, educativos y profesionales.

REFERENCIAS

Chapman, Gary. *Los 5 lenguajes del amor: El secreto del amor que perdura*. Chicago: Northfield Publishing, 1992.

Munroe, Myles. *En busca de un propósito: La clave de la realización personal*. Shippensburg, PA: Destiny Image, 1992.

ÍNDICE

A

Abednego, 145–146
Abinadab, 59, 81
Abraham, 3
ágape (amor supremo), 178
Acab, Rey, 67
Agar, 3
Amán, 93, 94
Ana, 55, 56, 57
Ánimo
   discurso alentador, 87, 139
   para la nación de Judá, 117
   de otros, 8, 16, 40, 64, 175, 185
   salmos, encontrados en, 78
   automotivación, 33, 72, 185
   aliento espiritual, 29, 32–33
   de los cónyuges, 98
   durante las tormentas de la vida, 129
   confianza en Dios y, 4, 124–125, 163
Arca de la Alianza, 46, 59, 81

B

Baal (dios falso), 67
Babilonia y los babilonios, 120–121, 145, 157
Bendición
   bendición sacramental como bendición, 29, 30
   niños como bendición, 3, 7, 71–72
   viene a pesar de ti, no gracias a ti, 64
   descalificarse de, 155
   Dios libera una bendición para, 4
   esperanza en las bendiciones venideras, 53
   sobre Filadelfia, 181
   posicionarte para una bendición, 25, 43–44
   prosperidad y, 26
   Satanás, que aparece en tiempos de bendición, 75
   hablar de bendiciones, no de maldiciones, 87

C

Chapman, Gary, 178
Confianza
   en el plan de Dios para tu vida, 97, 118, 130, 165
   en la gracia de Dios, 128
   aumentada al hablar positivamente, 5
   durante los periodos de espera, 56, 78–79
   en el poder de Dios, 168
   en la oración para reafirmar la fe, 13

fuerte, dada a los que
confían, 81-82
en triunfar contra las
probabilidades , 50
en los tiempos de Dios, 107
en la trayectoria de Dios, 53
victoria, confiar que Dios nos
llevará a la, 59
en la Palabra de Dios, 4

D

Daniel, 145
David, Rey, 52-53, 59, 63, 81, 149, 181, 183
Dios
hijos de Israel y, 32, 39, 43
fe en, 7, 67, 124
favor de, 63-64
indulgente, 21, 23
amor de, 111-112, 132
misericordia de, 29, 49, 52, 84, 149-150
obediencia a, 46, 60
promesas de, 3
prosperidad, Dios quiere para nuestras vidas, 25
propósito, de, ayudar con, 11-12
relación con Dios, estar arraigada en, 145
Palabra de Dios como instrumento y arma, la, 75-76
Ver también Gracia; Oración; Propósito; Confianza
Duda
confianza, sustituida por, 19
denuncia diaria de, 173
fe, suplantación por, 4, 5
no ceder ante la, 3-4
oraciones enturbiadas por la, 124
como trampa de Satanás, 87
dudar de ti misma, 163

E

Eli, 55
Elías, 67, 69
Eliseo, 71
Elcaná (esposo de Ana), 55, 57
Ester, 93, 94
Estrés, 15-16, 55-56
Ezequiel, 138, 142-143

F

Fe
activación de la fe, 142
duda sustituida por la, 4, 5
como prueba de lo que no se ve, 49
siervo fiel de Eliseo, 71-72
en Dios, 7, 67, 124
de los hijos de Dios, 21
perseverar en la, 69, 73, 135
oraciones para mantener la fe, 130, 140
Filisteos, 59, 81

G

Gedeón, 49, 50
Gracia
como se da a los demás, 22
Dios misericordioso, 52, 71, 133, 160
Jesús, gracia salvadora de, 132
Pablo como destinatario de la gracia de Dios, 128, 159
oración de confianza, 161
ciclo de gracia, 107

H

Habacuc, 155, 157
Hageo 163-164
Hijos de Israel
Babilonia, exilio en, 120-121
bendición o maldición, elegir entre, 43

Río Jordán, cruzar, 46
amor de Dios por, 111
Moisés y, 39
Faraón, liberación de, 21, 149
oraciones como respuesta, 84
Tierra Prometida, retraso en el acceso, 32

I
Isaías, 114, 115, 117

J
Jacob, 7, 78
Jahaziel, 90
Jeremías, 132, 133, 135
Jerjes, rey, 93, 94
Jesucristo
  como ejemplo a seguir, 87
  ungido por María, 104
  muerte de, 111, 178
  curación a través de los azotes, 143
Job, 96–97, 98, 100–101, 102
Jonatán (hijo de Saúl), 63
Josafat, rey, 90, 91
Josué, 34, 46
  Juan el Bautista y, 18
  el pasado, consejo de no detenerse en el, 117
  Satanás, puesto a prueba por, 75–76
  como salvador de almas, 52
Juan el Bautista, 18, 75
Juan, Apóstol, 25, 178–179, 181
Judá, nación de, 90, 91, 117, 132, 152, 155, 157, 163
Río Jordán, 46–47, 75

L
Leah, 7
Los 5 Lenguajes del Amor (Chapman), 178

M
Madianitas, victoria sobre, 49, 50
Mardoqueo, 93, 94
María (hermana de Lázaro), 104
Mefiboset (hijo de Jonatán), 63–64
Mesac, 145–146
Miriam, 11
Misericordia, 29, 49, 52, 84, 149–150
Moisés, 11, 15, 21, 29, 36, 39–40, 43, 47
Munroe, Myles, 175

N
Nabucodonosor, Rey, 145
Nehemías, 167

O
Obed-Edom, 81
Obediencia, 7, 43, 46, 60, 73, 93, 114

P
Pablo, 107–108, 128, 159, 171, 175
Pecado
  perdón de los, 82, 84, 115
  Jesús, sacrificado por nuestros pecados, 111, 178
  persistencia de la nación de Judá en el, 132, 157
  pecados personales, Dios nos permite ver los, 114
  pecado involuntario, 21
Pedro, 124–125, 175
Penina (esposa de Elcaná), 55
Perdón, 21, 23, 44, 82, 84, 115
Plegaria
  para aceptar la voluntad de Dios, 161
  de bendición, 29, 30
  por la comunidad, 93, 94
  retrasos, oración para tener paciencia por los, 34
  duda, que no se interponga en la oración, 124–125

oraciones para mantener la fe, 130, 140
objetivos, oración de orientación a, 9
para guía, 19, 82
imposibilidades, encomendarse a la oración, 5
intencionalidad en la, 85, 126
para manifestar, 67, 69
rezar con el alma, 55–56
el poder de la, 84
rezar antes de actuar, 59, 60, 61
por la paz y la prosperidad, 26
para dejar el pasado atrás, 118
de arrepentimiento, 23
de agradecimiento, 143, 150
en tiempos de lucha, 15, 90
para confiar en Dios, 13
recipiente de Dios, orar para llegar a ser el, 37
para esperar respuestas, 155, 156
Prosperidad, 25-26, 47, 52, 102, 120
Propósito
encontrado al utilizar sus dones, 175-176
El plan de Dios para las personas, 13, 25, 107, 135-136, 142
ayudar a los demás a cumplir su propósito, 11-12, 18, 105, 138
de María, la que unge, 104
En busca de un propósito (Munroe), 175

R
Raquel, 7, 8
Retraso, comprensión espiritual de, 32–34, 157
Rutina espiritual, ir más allá, 120-121

S
Samuel, 55, 57
Sara, 3
Satanás, 75, 87, 96, 97
Saúl, Rey, 63
Shadrach, 145
Salomón, rey, 84, 107, 163

T
Tierra prometida, 32, 46
Transición, afrontar los retos de, 39–41

U
Uza (hijo de Abinadab), 59, 81
Uzías, rey, 114

Z
Zelofehad, hijas de, 36

AGRADECIMIENTOS

Agradezco a nuestro Señor por haberme dado la comprensión de Su Palabra, la cual puedo aplicar a mi vida y usarla para desarrollar sermones y sesiones de enseñanza para brindárselos a los demás. También, me gustaría agradecerle a la congregación de la Iglesia Bautista Misionera Emmanuel, donde tengo la bendición de servir como pastora principal, por permitirme la oportunidad de compartir la Palabra de Dios con ustedes semanalmente.

SOBRE LA AUTORA

La Dra. Kimberly D. Moore, DMin, es la pastora principal de la Iglesia Bautista Misionera Emmanuel en la ciudad de Gastonia, Carolina del Norte, y la fundadora de Kimberly Moore Ministries, un ministerio de asistencia sin ánimo de lucro cuyo objetivo es capacitar a las personas mediante clases, sesiones de tutoría y becas. Es licenciada de la Facultad de Teología de la Universidad Gardner-Webb, donde obtuvo un máster en Teología y un doctorado en Ministerio Pastoral. Además, la Dra. Moore es una ministra itinerante que ha tenido la bendición de viajar para compartir el evangelio de Jesucristo. Le da a Dios toda la gloria por el favor que ha recibido en su vida.